AF325342

"LA VIERGE ROUGE"

Louise Michel

par IRMA BOYER

d'après des documents inédits,

avec quatre portraits

Préface d'Henri BARBUSSE

ANDRÉ DELPEUCH, ÉDITEUR
51, rue de Babylone, 51
PARIS

1927

Louise Michel

DÉPÔT LÉGAL

[Library stamp: BIBLIOTHÈQUE … R.F. … FEMMES]

" LA VIERGE ROUGE "

Louise Michel

par IRMA BOYER

d'après des documents inédits,

avec quatre portraits

Préface d'Henri BARBUSSE

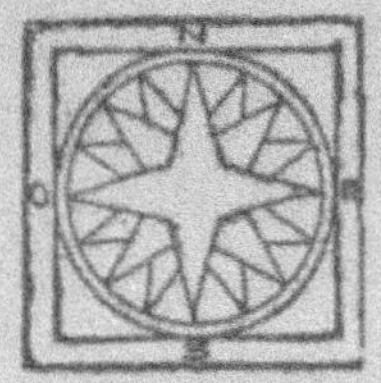

ANDRÉ DELPEUCH, ÉDITEUR

51, rue de Babylone, 51

PARIS

—

1927

PRÉFACE

LOUISE MICHEL

Le premier devoir de ceux qui évoquent les hautes figures du passé, c'est — plus et mieux que la sincérité — la véracité. Qu'elles soient ce qu'elles furent, et rayonnent par elles-mêmes. Il ne faut ici que le respect, la pieuse exactitude.

Je ne ferai donc pas seulement à l'auteur de ce beau livre l'éloge de proclamer sa bonne foi, de dire qu'on y apprécie à chaque page son net talent d'écrivain, ou qu'on y ressent l'émouvante solidarité de son cœur de femme. Je pense avant tout qu'il faut lui être reconnaissant d'avoir profondément et solidement documenté son étude, d'être allée aux sources mêmes, d'avoir adapté son portrait à l'histoire contemporaine des faits et des idées — d'avoir, en un mot, apporté à copier un admirable modèle, l'impeccable fidélité d'un savant positif.

Et voici — pour la première fois — une image claire et complète, une image intégrale, pour-

rait-on dire, de la Vierge Rouge. Ce livre qui la dessine et la précise est, en vérité, le témoignage de quelqu'un qui a su rentrer momentanément dans le passé pour le revivre.

Louise Michel est célèbre. Mais elle est, et elle fut aussi de son vivant, plus célèbre que connue. Sa carrière fut et est restée jusqu'ici, plus légendaire qu'historique.

On songe, dès qu'on parle d'elle, au flot d'outrages et de calomnies qu'ont déversé sur elle les ennemis de la classe ouvrière. On a lié son souvenir à celui de la Commune, dont elle avait été une des forces. Comme tous les vaincus de l'insurrection de 1871, et peut-être plus que tous les autres, elle a subi l'insulte des courtisans du pouvoir qui s'est installé sur les ruines sanglantes de notre première révolution prolétarienne : les Maxime Ducamp et autres aboyeurs de l'ordre établi. Son image a longtemps jeté l'effroi dans les rangs de la bourgeoisie. La haine et la peur l'ont défigurée... Cette haine et cette peur qui la consacrent aujourd'hui à nos yeux, à nous qui lui donnons tout naturellement ce nom de Vierge Rouge que les blancs lui ont alors jeté comme une injure.

Mais par ailleurs nul plus que Louise Michel ne fut incompris, méconnu.

Ceux qui l'ont vraiment comprise et connue, leurs voix ne se sont pas élevées au-dessus du temps : ce sont les humbles compagnons, les *humbles auditeurs, les humbles interlocuteurs qui se sont trouvés sur son chemin, et qui se sont, à mesure, ensevelis dans l'oubli.*

Sans doute, les prolétaires que son éloquence illuminait d'espoir et électrisait de volonté dans les inoubliables réunions publiques qui marquèrent l'éveil du socialisme ouvrier, la vénéraient, l'adoraient, et plus d'une fois des femmes du peuple baisèrent ses mains ou le bord de son éternelle robe noire. Sans doute, pendant l'insurrection sanglante où elle paya tant de fois de sa personne, ceux qui la virent dans les tranchées, sur les barricades, dans les corps à corps et les fusillades, savent qu'aucun soldat ne fut jamais plus réellement et plus longuement héroïque. Sans doute, les innombrables isolés, la multitude d'isolés qu'elle a, un à un, secourus, relevés, aidés matériellement et moralement, avec une richesse de pitié et surtout de compréhension, avec un esprit de sacrifice qu'aucun apôtre n'a jamais surpassés — ceux-là ont entrevu ce qu'était cette immense figure.

Sans doute aussi, une partie de l'opinion bourgeoise était étonnée par certain de ses gestes, malgré les monstrueuses extravagances dont les directeurs de la conscience publique déformaient son attitude et son caractère. En 1871, au Conseil de Guerre de Versailles — un tribunal de bourreaux — elle fit tout pour être condamnée à mort; sans forfanterie, avec un calme, une

lucidité, une blesse, qui furent telles qu'elle
fit peur à se juges et qu'on n'osa pas la faire
fusiller. Si elle ait exhorté les juges militaires
à la frapper, c'est parce qu'elle pensait que
« l'exécution d'une femme ferait du tort à la
cause des Versaillais ». Plus tard, elle refusa sa
grâce. Elle se démena — comme une mère se
débat pour sauver son fils —, afin de faire
acquitter le dégénéré Lucas (une espèce de Vi-
lain) qui avait essayé de la tuer et l'avait griè-
vement blessée. Dans ces actes et dans bien
d'autres, on voyait malgré tout apparaître sa
« sainteté ». Mais ce n'était là qu'une impression confuse qu'on ne voulait pas approfondir.
Nous la retrouvons, cette impression, dans
l'ardent mais incompréhensif poème que Victor
Hugo lui consacra : Viro Major.

Mais même dans les partis politiques auxquels elle appartint : dans l'opposition républicaine sous l'Empire (« Que la République était
belle sous l'Empire », devait-elle écrire dans la
suite); plus tard dans le parti anarchiste, on ne
peut pas dire qu'elle ait été appréciée à sa juste
valeur. Et même aujourd'hui, où l'on a mis plusieurs des précurseurs de la latente révolution
populaire à leur vraie place, la physionomie de
Louise Michel est restée estompée, et admirée,
pourrait-on dire, à tâtons. Sa grandeur l'isolait,
comme il arrive à tous ceux qui dépassent vraiment trop les autres.

Cette grandeur nous apparaît ensuite aujourd'hui, dans le calme et le silence du passé.

Grandeur intellectuelle. Elle fut savante, d'une culture encyclopédique, passionnée de sciences exactes et de sciences naturelles, appliquant sans cesse son esprit inventif et précis à suivre le développement des idées, à observer les mystères de la nature (elle fit même des découvertes curieuses pendant sa captivité en Nouvelle Calédonie, tout en trouvant le temps d'apprendre les dialectes des Canaques et d'inculquer aux cannibales les notions de liberté et de dignité humaine). Elle fut poète. Jamais, au cours de sa destinée mouvementée et tragique elle ne cessa d'exprimer en vers les sentiments et les pensées qui l'agitaient, et elle a laissé un grand nombre de vers d'inspiration romantique et de souffle révolutionnaire, sans compter les romans et les pièces dont le produit ne lui servait qu'à soulager les misères qui l'entouraient. Mais ce poète qui correspondit longtemps avec Victor Hugo, n'aime pas l'art pour l'art. Nul poète plus que celui-là n'a proclamé que l'artiste a une mission sociale à remplir et que l'œuvre d'art doit être une action. Le chef-d'œuvre auquel doivent tendre finalement toutes les forces de l'artiste, c'est sa propre vie. Elle fut aussi un orateur de génie. Elle eut le don d'exalter et de faire entendre à la multitude le cri même de la multitude. Certains triomphes qu'elle remporta *dans les villes et les régions laborieuses ressemblent à de vastes communions, à de majestueuses apothéoses.*

Grandeur morale. Elle fut, du commencement à la fin, un sacrifice. Elle ne vécut jamais pour elle-même; elle n'eut jamais aucune satisfaction personnelle; elle se voua entièrement, sans réserve, à la cause de tous. Plus d'une fois, au cours de ce récit qu'on va lire, lugubre et resplendissante épopée d'un vrai être humain se débattant dans la barbarie perfectionnée du monde moderne, la comparaison s'impose entre elle et les premiers martyrs de la foi chrétienne, comme dans d'autres cas, elle s'impose entre elle et la vierge lorraine qui naquit il y a cinq cents ans dans la même région qu'elle. Elle ne sut jamais renoncer à une existence de pauvre, austère et ascétique ; elle ne savait que donner ce qu'elle avait dans les mains, dans la tête, dans le cœur. On peut le dire : elle a donné sa vie, comme les saints et les rédempteurs. Elle ne l'a pas donnée pour complaire aux nébuleuses idoles du ciel, mais pour une cause terrestre, palpitante.

Aujourd'hui les religions sont mortes parce qu'on a vu qu'elles n'étaient qu'un semblant de vie sur de la mort. Ce qui était fantôme est redevenu fantôme, et le cœur humain, qui fonctionne avec du sang, s'est détaché des feux d'artifice du firmament pour s'adonner à ce qui est vivant comme lui. La religion qui remplit les hommes d'ardente curiosité, d'émouvante convoitise et d'espoir grandiose, a changé de place. Elle s'incorpore, avec ses prolongements et avec ses miracles, dans une nouvelle espèce de créatures : celles qui veulent refaire selon l'intérêt de tous la loi inique qui sacrifie l'ensemble à quelques parasites épars sur le globe.

Aujourd'hui, nous sommes beaucoup qui croyons cela. L'évidence a déjà fait d'incurables ravages dans l'antique système social de la guerre et de l'exploitation. Mais nous devons en grande partie notre certitude et notre assurance aux êtres d'exception, à ces quelques êtres rares et fous qui ont vu ce que personne ne voyait encore et sont de superbes anachronismes de l'avenir dans le présent.

Car, par-dessus tout, Louise Michel fut la grandeur révolutionnaire. Elle était consacrée à la révolution. Elle incarne la révolution. D'instinct elle alla à l'opposition et à la lutte contre l'ordre consacré. Républicaine sous Napoléon III, alors que le mot de républicain créait le front unique contre les gens d'en-haut, anarchiste après la trahison de la république bourgeoise de 1871, alors que socialistes et anarchistes faisaient front unique contre les fallacieux démocratismes officiels : « Nous combattons l'ennemi commun. Pour ma part je ne m'occupe guère de questions particulières, étant, je le répète, avec tous les groupes qui attaquent soit par la pioche, soit par la mine, soit par le feu, l'édifice maudit de la vieille société ».

Le seul reproche qu'on peut faire à cette sainte de la révolution, c'est d'avoir été trop bonne; d'avoir eu trop de généreuse confiance dans ceux qui ne le méritaient pas, d'avoir trop volontiers laissé prendre sa grande âme à leurs belles paroles, d'avoir trop volontiers confondu, parce qu'elle prêtait ses qualités aux autres, les arrivistes et les apôtres.

Mais elle s'est toujours reprise, pour se porter toujours plus nettement en avant, parce que (et ce n'est pas là un des traits les moins extraordinaires de cette extraordinaire personnalité) malgré ses trésors de sensibilité, de pitié et d'altruisme, elle ne se laissait guider, parmi les idées et les choses, que par la raison. Elle avait avant tout l'intuition de ces grandes certitudes qui font vraiment les révolutionnaires : le danger des concessions; la nécessité de mêler sans cesse impérieusement le réalisme et l'action au rêve; la nécessité pour le prolétariat de conquérir tout, s'il veut conquérir quelque chose — elle qui écrivit dans ses mémoires en parlant des martyrs de la révolution : « Sur leurs corps dans les champs, l'herbe pousse plus haute et plus touffue. Mais la délivrance ne vient pas. C'est que le peuple l'implore au lieu de la prendre. » Et ailleurs : « Si la révolution qui gronde sous la *terre laissait quelque chose du vieux monde, ce serait toujours à recommencer! ». Et lors de la révolution russe de 1905 — l'année de sa mort — elle était digne de prévoir comme elle le fit l'aurore rouge de la Russie, et la lumière tombant de l'Est sur le prolétariat d'Europe.*

Henri BARBUSSE.

LOUISE MICHEL

(1904)

(Dernière photographie)

PREMIER CHAPITRE

Vroncourt

La famille. — L'enfance. — La formation du caractère.

Aux confins des anciennes provinces de Lorraine et de Champagne, le pays qu'arrose la Meuse, si pittoresquement boisé et vallonné, où la beauté grave et calme de la nature dispose à la vie de l'âme, vit naître et grandir deux vierges guerrières, qui, bataillant à des siècles de distance et pour une foi différente, ont réalisé en elles le plus bel idéal d'humanité que l'on puisse admirer dans l'Histoire.

Toutes les deux braves entre les braves. Également pénétrées de la « grande pitié » des souffrances humaines et de l'ardent amour du bien Jeanne d'Arc et Louise Michel, dans un magnifique oubli de soi se sont toutes les deux offertes en holocauste à la mission de salut humain née dans leur cœur. Tout ce qui fait la splendeur morale de l'une fait aussi la splendeur morale de l'autre. Dépouillées toutes les deux des différences que l'époque, l'éducation, le milieu social, les circonstances ont établies entre elles leur nature intime est si étrangement semblable que « La Vierge rouge » apparaît comme une sorte de réincarnation moderne de l'âme de « La Pucelle ».

*
* *

A Vroncourt, à quelques lieues seulement de Domrémy, dans le département de la Haute-Marne, naquit Louise Michel, le 29 mai 1830.

Sur la route qui va de Lavécourt à Clefmont, on aperçoit au loin le petit village perché sur les flancs d'un coteau et bientôt on distingue nettement, en été, au milieu de la verdure des bois qui l'entourent, les toits rouges de ses maisons et le clocher branlant et oblique de sa petite église que secouent les vents. Au pied du village le château flanqué de ses deux tours carrées dressait encore au mois d'août 1918 sa masse imposante. Cette vieille bâtisse du dix-septième siècle aurait été édifiée, dit-on, sur les ordres de Jacques II, roi d'Angleterre, détrôné. Au moment de la Révolution française, elle appartenait au seigneur Louis De Lesquevin de Baconval qui émigra; le château avec toutes ses dépendances devint bien national et en 1792 la famille paternelle de Louise Michel l'acheta ; En voici la description tirée des « Mémoires » de l'héroïne.

(1) *Les Mémoires.*

Le nid de mon enfance avait quatre tours carrées de la même hauteur que le corps de bâtiment, avec des toits en forme de clocher. Le côté du Sud, absolument sans fenêtres, et les meurtrières des tours lui donnaient un air de mansolée ou de forteresse, suivant le point de vue... Autrefois on l'appelait la « Maison forte », au temps où nous l'habitions, je l'ai souvent entendu nommer « le Tombeau ».

Cette vaste ruine, où le vent soufflait comme dans un navire, avait au levant la côte des vignes et le village, dont elle était séparée par une route de gazon large comme un pré. Au bout de ce chemin qu'on appelait « la Routote » le ruisseau descendait l'unique rue du village. Il était gros l'hiver, on y plaçait des pierres pour le traverser.

A l'Est, le rideau des peupliers où le vent murmurait, si doux et les montagnes bleues de Bourmont. A l'Ouest, les côtes et le bois de Luzerin, d'où les loups au temps des grandes neiges, entrant par les brèches du mur, venaient hurler dans la cour.

C'est dans ce décor poétique que vécurent les Demahis. La famille n'était pas, comme on l'a écrit faussement, d'origine corse et ne comptait pas de brigands féodaux parmi ses ancêtres. Des gens de robe avaient remplacé au château de Vroncourt la noblesse d'épée. Au début du XVIIe siècle les Demahis, petits robins, vivent en Berry, ils sont d'abord notaires et procureurs, à Aubigny puis s'élevant peu à peu, ils deviennent à la fin membres au Parlement de Paris. En 1698 Étienne-Charles Demahis obtient un titre de noblesse, « ses armes furent d'argent au chevron d'azur accompagné en chef de deux croissants de gueules, l'un à droite l'autre à gauche et en pointe d'une canete de sable tenant deux lions », armoiries enregistrées à l'Armorial général de France.

Le premier propriétaire de Vroncourt fut Étienne Demahis, conseiller à la cour des aides qui connut le règne de Louis XV, celui de Louis XVI et la Révolution. Le vieux portrait de famille nous le montre hautain, ironique, avec son long visage maigre et osseux. Le regard pétillant de malice grivoise révèle l'insensibilité du Président de la Commission de Saumur qui, après avoir condamné des faux sauniers aux galères et à la marque au fer rouge, semble prêt à régaler ses collègues de quelque piquante histoire. Un Perrin Dandin, avec les préjugés et les vices de son temps, tel apparaît ce magistrat d'ancien régime, qui, ruiné par la Révolution, nourrit naturellement contre elle la haine la plus féroce. A Vroncourt une de ses joies était de raconter qu'étant un jour à Paris chez son perruquier, il avait eu le bonheur de voir sur la charrette allant à la guillotine avec sa mâchoire fracassée, Robespierre, « le plus grand scélérat que la terre ait jamais porté ».

Étienne-Charles Demahis, avocat au Parlement de Paris était bien différent de son père. Plutôt petit, gros et gras, son profil indique la finesse et la bonté ; la bouche un peu sensuelle, l'amour du plaisir. Un épicurien intelligent, aimable et bon, voilà l'impression que la peinture nous donne et qui est corroborée par un portrait en vers que Mme Demahis traça de son mari pour le jour de sa fête, la Saint Étienne.

Celui que nous fêtons est un saint très humain,
Un bienheureux vraiment recommandable
Qui sait et qui permet aux autres d'être aimables ;
Pour les pauvres pécheurs ayant beaucoup d'égards.
      Ennemi de toutes grimaces,
      Aimant les muses et les grâces
      Qu'à son aise il peut animer
      Aux joies de sa lyre fidèle
      En rappelant la cadence nouvelle
Que lui-même il paraît aimer
Pour le plaisir de quelque aimable belle.
      Voilà le patron qu'il me faut ;
      Je le dis, sans être damnable
      Et rend grâce au ciel favorable
De me l'avoir trouvé sans plus ample défaut,
Que ceux qu'Eros souffre en sa vive cadence...

D'une culture supérieure, initié à tous les arts et à toutes les sciences de son époque, Étienne Demahis, comme la plupart des hommes d'élite de sa génération se laissa emporter par les grands courants d'idées qui agitaient le xviiie siècle. Nourri de Voltaire, de J.-J. Rousseau, des encyclopédistes, il resta toute sa vie un rationaliste, un humanitaire, partisan fervent des droits de l'homme. Nature foncièrement sincère, il n'existait chez lui aucune dualité entre la pensée et l'action. Lorsque la Révolution qui devait briser sa carrière de magistrat arriva, il l'accueillit avec une passion et un enthousiasme dont n'eût pas semblé capable cet épicurien délicat. En 1793 membre des comités civils et de bienfaisance de la section de l'Indivisibilité il collabora avec le Comité de Salut Public. Toute sa vie il fut un révolutionnaire ardent, et Louise Michel en évoquant ses souvenirs de jeunesse nous peint toute la complexité de ce caractère si intéressant et si curieux d'homme du XVIII° siècle qui, sous les dehors d'un sceptique, cachait une âme ardente de croyant.

Mon grand-père suivant la circonstance, m'apparaissait sous des aspects différents : tantôt, racontant les grands jours, les luttes épiques de la première République, il avait des accents passionnés pour dire la guerre des géants où, braves contre braves, les blancs et les bleus montraient comment meurent les héros ; tantôt ironique comme Voltaire le maître de son époque, gai et spirituel comme Molière, il m'expliquait les livres divers que nous lisions ensemble.

Tantôt encore, nous en allant à travers l'inconnu nous parlions des choses qu'il voyait monter à l'horizon. Nous regardions dans le passé les étapes humaines ; dans l'avenir, aussi ; et souvent je pleurai, empoignée par quelque vive image de progrès, d'art ou de science et lui, de grosses larmes dans les yeux, posait sa main sur ma tête, plus ébouriffée que celle de la vieille Presta.

Étienne Demahis épousa une fille de magistrat, Louise-Charlotte-Maxence Porquet.

Le peintre Vomberta de l'Académie royale, nous a laissé d'elle un portrait de gracieuse jeune fille aux cheveux épars qui nous frappe par la vivacité d'un regard tout pétillant d'intelligence. Louise Michel, plus tard, nous la dépeint grand'mère « ses yeux noirs pareils à des braises, les cheveux courts, enveloppée d'une jeunesse éternelle » et, qui me faisait, dit-elle, « penser aux fées des vieux récits ».

L'esprit qui échappe plus que tout autre chose aux vicissitudes de l'âge, dominait en

Charlotte Porquet. Très différente des femmes que la littérature nous a présentées depuis, passionnées du romantisme, dont l'amour dévore la vie, sensuelles raffinées de notre époque de décadence, Mme Demahis fut une intellectuelle chez qui la raison domina constamment le cœur et les sens. C'est le type le plus représentatif de la femme éclairée du xviiie siècle. Supérieurement intelligente, aussi cultivée que les hommes les plus instruits de son époque, musicienne, poète, philosophe, Mme Demahis formait avec son mari le couple le plus harmonieux qui put exister. Éprise comme lui des idées nouvelles d'égalité, d'humanité, elle communia sans cesse avec lui dans la même foi révolutionnaire, et sincère s'efforça avec lui de travailler au bonheur de tout ce qui sent et souffre, depuis la bête jusqu'à l'homme. Le vieux manoir de Vroncourt fut un paradis pour les animaux et les maîtres de la maison en firent une demeure idéale pour les servantes comme Nanette, à qui Mme Demahis apprit à lire, et dont le dernier vœu, après une vie passée dans l'atmosphère de bonté du château fût d'être enterrée aux pieds de ses maîtres, dans le petit cimetière du village.

La souffrance morale qui souvent dispose les natures vulgaires à la haine d'autrui ne fait que développer l'altruisme chez la disciple des philosophes du xviiie siècle dont la raison sereine dirigeait le sentiment.

Voici les vers qu'elle écrivit après la mort de son fils :

> Mais de quel droit puis-je sur terre
> Réclamer des jours plus heureux
> Lorsque sous ce vaste hémisphère
> Il gémit tant de malheureux.
> Cet affreux tableau de leurs peines
> Augmente encore le poids des miens.
> O vous que le malheur poursuit
> Je partage votre souffrance
> Et je pleure dans le silence,
> Mon fils et les malheurs d'autrui.
>
> Et qui peut spectateur paisible
> Au sein de tant d'êtres souffrants
> Regarder d'un œil insensible
> Sur les désastres renaissants
> Qui fondent sur nous à toute heure.
> Oh ! pleurons sur celui qui pleure
> Et *payons à l'humanité*
> *Cette dette qu'elle réclame.*
> *Ecartons nos maux de notre âme*
> *Pour acquitter le droit sacré.*

La bonté de Mme Demahis résulte directement de la raison, elle a sa source dans le culte de l'humanité de son époque. Celle que les pauvres de Vroncourt vénéraient comme une sainte chrétienne inclinait au panthéisme et ne croyait pas à l'immortalité personnelle.

Dans la même pièce de vers, nous retrouvons ses idées sur la destinée de l'être humain.

> Lorsque l'auteur de la nature
> Te revêtit d'un corps humain
> Sans doute une argile plus pure
> Dut lui servir à ce dessein.
> Au feu dont ton âme étincelle
> On aurait dit qu'une *parcelle*

De la céleste déité
Venait l'animer sur la terre.
Reprends ton essence première
Dans le sein de l'éternité.

La vie se poursuivait calme et heureuse au château de Vroncourt, quand le 29 mai 1830, un événement inattendu troubla la paix tranquille du foyer domestique. Une jeune servante blonde et fraîche, Marianne accoucha d'un enfant de sexe féminin que l'on appela Louise. Quel fut le père de l'enfant? un mystère plane encore là-dessus. Étienne Demahis et son fils Laurent s'accusèrent mutuellement. Laurent Demahis ne voulut pas épouser Marianne, quitta la maison paternelle et alla vivre en paysan à la ferme du Luzerin. Celui que Louise Michel appelle son grand-père fut-il son père? La simplicité de Laurent, son absence de préjugés, sa droiture semblent le prouver. Celui qui conduisait lui-même ses cochons à l'abreuvoir et qui, à la grande table de la ferme, mangeait au milieu de ses valets et souvent des mendiants du voisinage le pain de seigle fraternellement, aurait-il hésité à épouser une servante? Au-dessus de cette tragédie familiale plana la grande âme de Mme Demahis. Cette femme supérieure, insensible à la jalousie vulgaire, toute de raison sereine fut indulgente au péché de la chair ; Marianne resta au château et l'enfant fut élevée comme la propre fille de la maison.

La mère de Louise, Marianne Michel, carac-

tère simple et droit, un peu fruste, était origi-
naire d'Audeloncourt, d'une famille de paysans
qui se distinguaient par des dispositions intellectuelles et une soif de savoir peu ordinaires.

L'arrière grand-père avait dans une vente aux
enchères acheté une bibliothèque au poids, trésor intellectuel de la famille et les grands-on-
cles de Louise Michel étaient ainsi devenus des
autodidactes.

Mes oncles nous dit-elle dans ses Mémoires
étaient :

> De grands et beaux vieillards avec leurs épaisses chevelures
> rousses, leurs fortes épaules, leurs têtes puissantes, simples
> de cœur et prompts d'intelligence, qui avaient appris une
> foule de choses et qui causaient bien.

L'oncle Georges était meunier ; il lisait tous
les soirs et avait acquis ainsi une importante
érudition historique.

Un autre s'occupait de mécanique et avait fait
un travail ingénieux pour la défense nationale
en 1870 qui fut refusé. Le dernier qui revenait
du service militaire avait le goût des voyages
et ses réflexions judicieuses frappaient déjà
l'enfant précoce qu'était Louise Michel.

Du côté féminin, la famille Michel présentait
des natures ardentes et mystiques. Tante Victoire dont Louise Michel nous donne un portrait
saisissant dans ses Mémoires :

> Jamais je n'entendis de missionnaire plus ardente que ma
> tante ; elle avait pris du christianisme tout ce qui peut entraî-
> ner, les hymnes sombres, les visites le soir aux églises noyées

d'ombre, les vies des vierges qui font songer aux druidesses, aux vestales, aux valkyries. Toutes ses nièces furent entraînées dans ce mysticisme et moi plus facilement que les autres.

Étrange impression que je ressens encore, j'écoutais à la fois ma tante catholique exaltée et les grands parents voltairiens. Je cherchais, émue par des rêves étranges, ainsi l'aiguille cherche le Nord affolée dans les cyclones.

Enfant, Louise Michel n'était pas la fillette douce et timide qui berce sa poupée dans ses bras ou qui gravement joue à la ménagère ou à l'institutrice. Grande pour son âge, brune, maigriote, elle aimait les jeux violents : grimper aux arbres du verger, ramasser des crapauds dans le ruisseau de Vroncourt et les jeter dans les jambes des gens ayant mauvaise réputation, faire galoper les cochons en sonnant l'hallali, se battre avec son cousin Jules, étaient ses exercices favoris. Un besoin d'activité physique débordait de son tempérament robuste et pouvait se satisfaire librement sous les yeux indulgents de M. et Mme Demahis qui avaient lu Jean-Jacques et qui laissaient la nature se développer sans contrainte en cette enfant « hérissée, sauvage et hardie à la fois, brûlée de soleil, les habits souvent décorés de déchirures et rattachées avec des épingles ». Cette vie en plein air « de poulain échappé » permit à la fillette de se constituer une organisation physique taillée pour les luttes que l'avenir lui réservait. Le futur soldat de la Commune que fut la Vierge Rouge dut à sa santé de fer la résistance héroïque opposée aux Versaillais derrière

les barricades et plus tard Louise Michel prisonnière supporta la faim, le froid, la douleur physique et morale sans que rien ne pût altérer la
calme sérénité de sa pensée.

Une hérédité saine et une éducation intelligente devaient faire de la petite fille aux allures
garçonnières une âme forte grâce à un corps
vigoureux.

L'influence morale des Demahis sur l'enfant
qu'ils chérissaient comme leur propre fille fut
énorme. Tout naturellement, Louise se modela
sur ceux qu'elle appelait tendrement grand-
père et grand'mère ; elle apprit d'eux à raisonner et à se gouverner d'après sa raison. Sa nature morale s'épanouit librement comme sa nature physique, dans ce milieu où régnait la
bonté ; elle fut simple et sincère comme tous
ceux qui l'entouraient. Par la parole et par
l'exemple on l'initia à cet amour de l'humanité
qui plus tard devait dominer sa vie. Enfant,
pour imiter ses parents, Louise prenait l'argent,
les fruits de la maison et distribuait le tout au
nom de sa famille. Au lieu de la gronder, son
grand-père inquiet à cause de ses ressources mo-
destes, lui proposa un arrangement; il devait lui
donner une somme fixe chaque semaine si elle
consentait à ne plus voler. « Je refusai, dit-elle
trouvant que j'y perdais trop. »

Et elle continua à mettre à la place de l'objet
ou de l'argent absent, des billets avec une réflexion malicieuse comme : « Vous avez la ser-

rure, mais moi j'ai la clef » lorsque elle avait réussi à ouvrir une armoire fermée. L'espièglerie était un des traits de caractère de Louise Michel, son besoin de gaieté se manifestait ainsi, il n'y avait aucune méchanceté dans tous ses « tours » et la bonne fillette aurait été navrée de causer du chagrin à autrui. Une anecdote tirée des Mémoires nous peint bien la nature de l'enfant. Louise est à l'école du village.

« J'avais trouvé moyen, dit-elle, tout en m'appliquant de faire des méchancetés.

Lorsque Monsieur le Maître. comme nous disions, du haut de son grand fauteuil de bois, la chaire, avait bien recommandé d'écrire exactement les dictées, j'avais soin d'ajouter à ce qui devait être écrit, tout ce qui n'était pas destiné à l'être. Cela faisait quelque chose de ce genre.

Les Romains étaient les maîtres du monde. (Louise ne tenez pas votre porte-plume comme un bâton point virgule). Mais la Gaule résista longtemps à leur domination (Les enfants du haut de Quérot, vous venez bien tard) un point. (Ferdinand mouchez-vous, Les enfants du Moulin chauffez-vous les pieds). César en écrivit l'histoire.

J'ajoutais même des choses que Monsieur le Maître ne disait pas, ne perdant pas une minute, griffonnant avec zèle. J'aurais été aussi peu sensible à la colère de Monsieur le Maître qu'aux reproches ordinaires, s'il ne m'eût dit froidement : « Si l'Inspecteur voyait ça, vous me feriez casser. » Une grande tristesse toute froide, tomba sur moi. Je ne trouvai rien à répondre, même quand il me défendit de lui apporter désormais des feuilles de roses pour son tabac.

Sèches en hiver, fraîches en été, c'était moi qui les lui apportais toujours : il aimait à en mettre dans la tabatière d'écorce de cerisier, fermée de ce petit couvercle qu'on tire par une lanière de cuir.

Le lendemain ma dictée était irréprochable, mais pendant plus de 8 jours sous l'œil sévère de Monsieur le Maître je tournai dans la poche de mon tablier le papier blanc plein de roses sèches que j'avais préparées sans espérances.

Enfin il me les demanda, et une fois rentrée en grâce, je ne sais si je fis d'autres malices, mais ce n'était plus celles que l'Inspecteur pouvait reprocher à Monsieur le Maître.

Esprit pénétrant, éducateur remarquable, ce simple instituteur de village avait discerné la nature exquise de son espiègle élève et savait admirablement employer les moyens les plus propres à agir sur elle. Grâce à lui, l'école compléta harmonieusement l'éducation donnée par la famille Demahis. Louise était une enfant extraordinairement bien douée au point de vue intellectuel. Elle se distinguait toute petite par un intense besoin de savoir. Sa grand'mère lui ayant appris à lire, elle apprit d'abord seule à écrire à l'aide de caractères d'imprimerie ; elle lut de très bonne heure le Musée des familles, les Magasins pittoresques, Lamartine, Corneille. Elle parcourait pendant les vacances de son cousin Jules le cycle d'études des collèges de garçons en étudiant dans ses cahiers et dans ses livres de façon à être de niveau avec lui.

Un besoin de création, marque des intelligences supérieures, se fait impérieusement sentir en elle. A onze ou douze ans elle commence une Histoire Universelle parce que celle de Bossuet, dit-elle, l'ennuie et que son cousin a remporté au collège son Histoire générale,

Il devait se trouver de fameuses âneries dans mon travail. J'avais consulté assez de livres infaillibles pour cela mais on

____

(1) *Mémoires*.

me donna quelques volumes de Voltaire et je plantai là mon œuvre inachevée.

Initiée de bonne heure à la musique, c'est un instrument qu'elle imagine et fabrique elle-même à l'aide d'une planchette de sapin et de vieilles cordes de guitare et qu'elle nomme pompeusement son luth.

Ces dispositions intellectuelles sont d'ailleurs fortifiées par le milieu dans lequel elle vit. C'est à l'exemple de son grand-père et de sa grand'-mère que Louise toute enfant fait des vers. Cultiver les beaux arts est une des grandes occupations des maîtres du château. Charles Demahis non seulement s'adonne à la poésie, mais aussi à la peinture et à la musique.

Dans les longues veillées d'hiver, alors que au dehors la neige tombe et que le vent fait rage, toute la famille est réunie autour de la grande cheminée ; on lit, on chante. Mme Demahis de sa voix « douce, voilée et tendre » module quelque mélodie que son mari accompagne sur sa guitare. En de très beaux vers Louise Michel nous a analysé ses impressions d'enfance :

> Pour moi, rêveuse enfant, les notes résonnantes
>   Se dressaient, fortes et vibrantes ;
> Les trilles paraissaient, le front chargé de fleurs,
> Passer et repasser en écharpes brillantes
>   Troupes d'innombrables danseurs.

(1) Poésie intitulée : *A ma grand'mère*.

> Et la gamme courait ou légère ou profonde,
> L'accord lointain et sourd qui gronde,
> La note qui descend, la note qui s'élance,
> L'arpège harmonieux, élargissant son onde
> La douceur du chant qui balance.
>
> Quand ta voix s'élevait, douce, voilée et tendre,
> Au loin il me semblait entendre
> Des luths aériens vibrer sur les créneaux
> Et parfois les soupirs de ceux qui, sur la cendre
> Priaient au fond des noirs arceaux.
>
> Ou quelquefois encore aux heures fantastiques
> J'ai vu les tourelles antiques
> Élever avec toi des chœurs mystérieux
> Le nécromant volait, armé de mots magiques,
> Et l'étoile enflammait les cieux.
>
> Alors le roi des sons descendait sur ta lyre
> Et son aile venait bruire
> Sur mon front ; j'évoquais le fantôme éclatant... (1)

La sensibilité vive de l'enfant se développait, s'affinait par la musique. Son imagination s'éprenait du fantatique et du merveilleux, aux récits légendaires que M. Demahis savait raconter avec tant de poésie.

Dans un splendide mouvement d'éloquence émue, Louise Michel évoque ces vieux récits et les visions qu'ils ont laissées en elle.

Là-bas tombées avec les roses rouges du clos, mortes avec les abeilles sont les légendes de famille. Ceux qui me les disaient n'en diront plus jamais.

Pareilles à des sphinx, elles se penchent enveloppées d'ombre sur moi. Avec leurs yeux verts de filles des flots, elles regardent sous l'eau des mers, avec leur taille haute et maigre de sorcières elles courent les maquis et les landes. Cette légende

(1) Poésies *A ma grand'mère*.
(2) *Mémoires*.

lointaine va de la Corse aux gorges sauvages, à la Bretagne aux menhirs hantés des poulpiquets, du gouffre rouge de Flogof où le noroi souffle en foudre au lac sombre de Créno.

A ces récits du grand-père s'ajoutaient les histoires merveilleuses entendues à la veillée dans les chaumières du village : les apparitions des lavadières blanches à la Fontaine aux dames, « le feullot rouge » qui court sous les saules, les revenants habitant dans les restes de l'ancienne forteresse du pays « le châté paiot ». L'imagination peuplée de toutes ces légendes, Louise est si éprise du fantastique, qu'un jour, raconte-t-elle :

Dans les ruines hantées du « chaté paiot », je déclarai au milieu du cercle magique mon amour à Satan qui ne vint pas. Cela me donna à penser qu'il n'existait pas (1).

L'éducation rationaliste que Louise recevait de ses grands-parents devait détruire en elle l'influence néfaste que peut avoir le merveilleux sur certains esprits d'enfants. Habituée de bonne heure à raisonner, le seul résultat que Louise Michel tira de toutes ces légendes fut un développement des facultés qui distinguent les grands artistes, la sensibilité et l'imagination. Ayant appris toute petite à dessiner, à faire des vers, à jouer de la guitare et du piano, la fillette précoce commence déjà, à Vroncourt, à traduire par des sons à l'aide de son luth ou par des mots scandés et rimés, ses sentiments et ses vi-

____
(1) *Mémoires.*

sions. Ses premières productions n'ont rien de
banal ; les plus gauches portent la marque
d'une personnalité d'enfant qui commence à
s'affirmer. Victor Hugo est alors dans tout
l'éclat de son génie, Louise Michel s'éprend
pour lui d'une admiration vive,

Ainsi poëte, je te vois (1)
Au-dessus de nous tous, notre maître suprême ;
Ainsi je crois en toi, comme au destin lui-même.
C'est pourquoi j'ai besoin parfois
D'élever, tout à coup rêveuse, inquiète même,
Mes colères d'enfant, de te les dire à toi
Et de demander compte à quelque obscure loi.

lui écrit-elle dans son enthousiasme juvénil,
Victor Hugo a été pour Louise Michel à la fois
un ami et un maître ; toute jeune elle lui envoie
ses vers de Vroncourt, le poète en apprécie la
douceur et encourage en elle le futur auteur.
La correspondance se continue plus tard et l'influence intellectuelle du génie d'Hugo a été très
forte sur Louise Michel. Entre ses vers et ceux
de Mme Demahis on sent nettement la différence de deux époques littéraires. Si la sincérité de la pensée et du sentiment est la même
chez les deux, la facture romantique riche
d'images, évocatrice de sensations chez la disciple d'Hugo contraste avec la forme plus
abstraite du xviii° siècle et indique un autre
idéal littéraire. Mais si Louise Michel nous a
laissé des vers admirables et des œuvres d'une

____

(1) Poésie à Victor Hugo.

incontestable valeur, elle a été plus qu'une artiste de la phrase, elle a fait de sa vie même une œuvre d'art. Et c'est d'abord dans le vieux château de Vroncourt, que lentement « la Vierge Rouge » s'est préparée au rôle futur qui l'attendait.

C'est à Vroncourt que Louise Michel a rêvé à cette destinée qu'elle ne connaissait pas.

> Vent du soir que fais-tu de l'humble marguerite?
> Mer que fais-tu des flots? Ciel du nuage ardent?
> Oh! le rêve est bien grand et l'âme est bien petite,
> Noir destin, qu'en fais-tu de mon rêve géant?
>
> Lumière, que fais-tu de l'ombre taciturne?
> Et toi qui, de si loin, l'appelle près de toi?
> O flamme, que fais-tu du papillon nocturne?
> Songe mystérieux, que feras-tu de moi?

Que feras-tu de moi? une révolutionnaire, telle fut la réponse que devait lui donner la vie.

Dès sa plus tendre enfance Louise Michel vit se développer en elle un sentiment que l'on trouve puissant chez tous les grands révoltés; la pitié pour tout ce qui souffre.

A l'exemple de ses parents elle aime les animaux, les caresses, les choie ; on la trouve souvent à l'étable en train de causer avec les deux vaches Bella et Nera et « qui me répondaient, dit-elle, à leur manière en me regardant de leurs yeux rêveurs ». Elle a des chauves-souris apprivoisées à qui elle donne à boire du lait comme à de petits chats, et dans une de ses poésies d'enfance « La grilla rapita » elle nous

raconte qu'elle a démonté la grille du grand
van pour leur faire une cage durant le jour afin
qu'il ne leur arrive aucun accident. Pendant la
visite du médecin au château, elle s'introduit
furtivement à l'écurie pour donner de l'avoine
à sa jument. Tout en pleurant lorsque la vieille
Biche est morte, elle aide son grand-père à lui
envelopper la tête d'une nappe blanche avec un
soin pieux et l'enterre avec lui près du bastion
du château. La demeure des Demahis est un
paradis pour les bêtes. Elle y sont en foule.

L'été, la ruine s'emplissait d'oiseaux entrant par les fenêtres (1). Les hirondelles venaient reprendre leurs nids, les moi-
neaux frappaient aux vitres et des alouettes privées s'égosil-
laient bravement avec nous (se taisant quand on passait au
mode mineur). Les oiseaux n'étaient pas les seuls commensaux
des chiens ; il y eut des perdrix, une tortue, un chevreuil, des
sangliers, un loup, des chouettes, des chauve-souris, des
nichées de lièvres orphelins élevés à la cuillère, toute une
ménagerie, sans oublier le poulain Zéphir et son aïeule Brouska
dont on ne comptait plus l'âge et qui entrait de plein pied
dans les salles pour prendre du pain et du sucre dans les mains
qui lui plaisaient et montrer aux gens qui ne lui convenaient
pas ses grandes dents jaunes, comme si elle leur eût ri au nez.

Chez les paysans de Vroncourt les animaux
n'avaient pas la situation privilégiée que les
Demahis leur faisaient au château. Le contraste
est saisissant. Louise est vivement impressionnée
par les cruautés dont ils sont victimes, au village. Le souvenir d'une oie décapitée, qui lui
semblait marcher encore le cou sanglant a

(1) *Mémoires.*

laissé en elle une sensation d'horreur qui subsistera pendant toute sa vie.

« Des cruautés que l'on voit dans les campagnes commettre sur les animaux, de l'aspect horrible de leur condition date avec ma pitié pour eux la compréhension des crimes de la force (1).

L'enfant généreuse est d'instinct pour le faible contre le fort, pour l'animal contre le paysan qui le torture; mais le paysan lui-même souffre. A Vroncourt Louise voit ses souffrances, sa vie misérable, elle le plaint de tout son cœur.

Oh ! les Géorgiques et les églogues trompent sur le bonheur des champs ! Les descriptions de la nature sont vraies, le bonheur de l'homme des champs est un mensonge.

Élevée à la campagne, je comprenais les révoltes agraires de la vieille Rome ; sur ce livre j'ai versé bien des larmes, la mort des Gracques m'opprimait comme plus tard les potences de Russie.

Le rude travail de la terre m'apparaissait tel qu'il est, courbant l'homme comme le bœuf sur le sillon, gardant l'abattoir pour la bête quand elle est usée, le sac du mendiant pour l'homme quand il ne peut plus travailler, le fusil de toile comme on dit dans la Haute-Marne.

Instinctivement elle n'admet pas la résignation des faibles.

J'aurais voulu que l'animal se vengeât, que le chien mordît celui qui l'assommait de coups, que le cheval saignant sous le fouet renversât son bourreau », écrit-elle (2).

A « l'Ecregné » la veillée du village, lorsque la mère Verdet, de son ton calme, raconte l'histoire d'un usurier, qui dans une année de disette a laissé mourir deux enfants en refusant de prêter

(1) *Mémoires.*
(2) *Mémoires.*

de l'argent à leur père, elle se sent bouillir de colère (1).

« Il me semblait que s'il était entré je lui aurais sauté à la gorge pour le mordre », nous dit-elle.

L'imagination fortifie en elle le sentiment d'indignation et de révolte.

« Je m'imaginai les pauvres petits mourant de faim et tout le tableau de misère qu'elle faisait si navrant qu'on le sentait au dedans de soi ; je voyais le mari avec sa blouse déchirée et ses pieds nus dans ses sabots, aller supplier le méchant usurier et revenir sans rien, triste, par les chemins. Je le voyais menaçant, quand les petits furent étendus froids sur la poignée de paille qui lui restait et la femme arrêtant le justicier qui voulait venger les siens.

Ainsi grâce à ses qualités de poète, la future révolutionnaire sera capable plus tard de ressentir en elle-même toute la diversité des souffrances humaines.

Enfant elle a été initiée par M. et Mme Demahis au culte de l'humanité qui dominera sa vie; les vieux révolutionnaires de Vroncourt sont à ses yeux des exemples vivants des grands principes et des grandes traditions du xviii° siècle. Par la parole du « grand'père » et surtout par ses lectures de Voltaire et de Jean-Jacques Rousseau et des autres écrivains dont est riche la bibliothèque du château, l'esprit de l'enfant lentement se nourrit de toute la pensée du grand siècle.

Ainsi formée, dans l'Histoire, sa sympathie et son admiration vont naturellement aux grands

(1) *Mémoires.*

révoltés, apôtres, martyrs d'une idée. Jean Huss, Saint-Just s'auréolent de gloire dans son imagination.

On les retrouve avec leur destinée tragique dans ses jeux d'enfant.

Avec son cousin Jules elle revit leur histoire.

Dans la cour, derrière le puits, on mettait des tas de fagots, de brindilles, de fascines, cela nous servait à élever un échafaud, avec des degrés, une plateforme, deux grands montants de bois, tout enfin ! Nous y représentions les époques historiques et les personnages qui nous plaisaient. L'un après l'autre nous montions les degrés de l'échafaud, où nos têtes tombaient au cri de « Vive la République ». Nous cherchions dans les annales des cruautés humaines. L'échafaud de fascines devenait le bûcher de Jean Huss, plus loin encore, la tour en feu des Bagaudes.

Et le vieux révolutionnaire ravi dirigeait le jeu, après l'avoir provoqué par ses récits passionnés.

Comme nous montions un jour à l'échafaud en chantant, mon grand-père nous fit observer qu'il valait mieux y monter en silence et faire au sommet l'affirmation du principe par lequel on mourait ; c'est ce que nous fîmes après.

L'enfant ainsi se préparait au rôle héroïque qui devait plus tard lui être réservé. L'admiration pour les martyrs volontaires de l'idée, qu'en longue théorie l'Histoire déroulait devant elle, devait créer chez la fillette un état d'âme tout particulier.

Nature artiste, profondément éprise de beauté morale, Louise est séduite par l'éclat tragique et douloureux dont rayonnent les vies des héros, elle y rêve d'abord longuement.

« Que de choses flottent dans les songes d'enfant. Rouges comme le sang, noires comme la nuit du deuil étaient toujours les bannières des révoltés au fond de ma pensée — et toujours les noces de ceux qui s'aimaient étaient les rouges noces des martyrs où le pacte suprême se signe avec du sang ».

Peu à peu elle arrive à désirer secrètement l'apostolat et le martyre comme la forme de vie la plus noble et la plus belle, la plus digne d'être vécue. Jeune fille, un des héros les plus aimés, Saint-Just lui semble dans ses rêves l'âme sœur qui l'appelle vers la tragique destinée qui fut la sienne. Au milieu des autres révolutionnaires elle le voit venir à elle.

> Comme je regardais cette cohorte sombre,
> Un d'eux, s'en détachant, vint près de moi dans l'ombre
> Et me tendit ses pâles mains,
> Comme les donne un frère après les jours d'absence,
> Et je lus dans son âme au milieu du silence
> L'arrêt terrible des destins.
>
> Tous deux nous paraissions à peu près du même âge,
> Et soit que ce fût l'âme, ou l'air, ou le visage,
> Ses traits étaient pareils aux miens,
> Et St-Just me disait dans la langue éternelle :
> Entends-tu, dans la nuit, cette voix qui t'appelle,
> Écoute, l'heure sonne, viens !

Cette aspiration au martyre se traduit par des vers admirables lorsque dans une poésie de jeunesse Louise Michel évoque le gibet de John Brown et le serment des noirs.

> Frères, il est donc vrai, la guerre est déclarée,
> Venez... Qui d'entre nous, pour la cause sacrée,
> Ne donnerait cent fois son sang ?
> Quand l'arène est grondante on brûle d'y descendre,
> Les restes des martyrs sont plus froment que cendre,
> Qui d'entre vous ne prendrait rang ?

(1) Serment, les Noirs devant le gibet de Jhon Brown.

> Venez, frères, venez ; la torture est délices.
> Le gibet même est beau ; la flamme des supplices
>   Est l'immense foyer d'amour ;
> L'éclair du glaive reste en sillon de lumière ;
> Et quand le juste meurt, sa parole dernière,
>   Dans l'air, retentit nuit et jour.
>
> Venez, vous les grands cœurs, vous les âmes ardentes
> Il faut des bras géants pour ces luttes géantes
>   Des fronts que rien ne fait pâlir.
> Il faut, quand le chemin est sillonné d'abîmes
>   Les traverser au vol ; venez, esprits sublimes,
>   Venez, vous qui savez mourir.

Tout comme une chrétienne de l'église primitive, Louise Michel dans ses années de jeunesse s'appliquait à disposer sa raison, son imagination et son cœur au grand renoncement et, apôtre moderne du nouveau culte de l'Humanité, se préparait au martyr comme la vierge antique. Mais au début du Second Empire, les éclairs annonciateurs de l'orage ne sillonnaient pas encore l'horizon politique ; la tempête apparaissait lointaine, on en distinguait à peine les signes incertains ; la voix de Saint-Just n'était qu'un écho de l'âme généreuse de Louise, nulle apothéose de martyr ne se dessinait dans l'avenir. Au temps de Tertullien au contraire, la persécution contre les chrétiens sévissait dans toute son horreur ; chaque jour l'arène romaine dévorait des victimes de la foi nouvelle ; l'épreuve était imminente pour le fidèle, il fallait être prêt à confesser la religion proscrite au milieu des supplices ; toutes les forces morales de l'individu devaient être tendues vers ce but, aussi

les pères de l'Église, de même que certains révolutionnaires russes du XIXe siècle en lutte contre
le tsarisme, condamnaient-ils l'amour humain
comme une faiblesse. Le célibat devenait l'état
idéal pour le chrétien et pour le révolutionnaire
devant l'imminence du danger.

Jadis la fidèle disciple de Tertullien s'appliquait à éloigner de son esprit et de son cœur
toute pensée qui aurait pu la détourner de son
vœu de virginité comme une « pensée coupable ». Louise Michel, sous les ombrages de Vroncourt, rêva au contraire d'un époux ainsi que la
plupart des jeunes filles; le célibat pour elle
n'était pas supérieur au mariage. Toute jeune,
elle avait déjà réfléchi en lisant Molière sur ces
graves questions et s'était fait des opinions
nettes.

Un jour, dans une discussion violente avec
son cousin Jules sur l'égalité de l'homme et de
la femme, elle brisa de colère son fameux
« luth », tant elle était indignée d'entendre soutenir l'infériorité de son sexe.

L'esclavage de la femme la révoltait; les théo-
ries qu'Arnolphe expose à Agnès dans l'École
des femmes l'avaient vivement impressionnée.

Pour sa part, elle s'était décidée à ne jamais
être « le potage de l'homme ». Toute sa dignité,
toute sa fierté se soulevaient contre cette concep-
tion du mariage, avilissante pour la femme.

Toute union sans amour lui apparaissait d'ailleurs comme une prostitution et elle était prête

à repousser avec énergie les Arnolphe les mieux rentés.

C'est dans ces dispositions d'esprit que, vers quinze ans, elle reçut la visite de deux prétendants, tous les deux lui firent l'effet du tuteur d'Agnès. Ne demandaient-ils pas l'un et l'autre que l'éducation de leur future femme fût dirigée selon leurs vues! Mlle Demahis (c'est ainsi que l'on appelait Louise dans le pays) tout imprégnée de Molière, eut la malicieuse idée de jouer le rôle de l'ingénue de l'École des femmes devant ses épouseurs. A l'un, elle glissa, très à propos, une grande partie de la tirade où Agnès dit : « le petit chat est mort » et comme le prétendant, qui avait un œil de verre, moins lettré que la fillette, paraissait ne pas comprendre, Louise simulant la naïveté lui demanda si l'autre œil était en verre aussi. Au second prétendant elle montra une paire de cornes de cerf attachées au mur et lui dit : « Je ne vous aime pas, je ne vous aimerai jamais et si je vous épousais, je ne me gênerais pas plus que Mme Georges Daudin et vous en porteriez cent mille fois plus haut que cela sur votre tête ».

Naturellement les prétendants ne revinrent plus.

Comme les héroïnes cornéliennes qui n'aimaient que « sur estime », Louise ne voulait épouser qu'un homme digne d'elle. « Je plaçai mon rêve très haut », écrit-elle dans ses Mémoires. Chez une nature aussi élevée intellectuellement et moralement et aussi fortement équilibrée, l'amour ne pouvait naître que de l'admiration. Ayant voué sa vie à l'idéal, la jeune fille désirait naturellement le compagnon généreux et fort pour mener avec elle le bon combat. L'âme de Saint-Just devait animer ce fiancé des rêves. Louise l'attendit longtemps et comme il ne venait pas, dans la solitude du cœur et le célibat, la jeune fille ardente sentit les tortures du besoin d'amour que sa raison impérieuse lui défendait de satisfaire. Un désespoir immense l'envahit d'abord. Quelques années avant la Commune dans le journal d'Adèle Caldelar, Louise sous la signature de Louis Michel exprimait son dégoût de la vie et ses aspirations vers la mort. « On a tort de représenter la mort horrible, écrit-elle, c'est notre libératrice. Ce qui est horrible, c'est souvent la vie » (1).

Après de longues méditations, Louise arriva à cette conclusion sur le bonheur humain.

« Le bonheur est une vision des sphères supérieures, c'est l'idéal que nul ne peut atteindre en ce monde. » (2)

Et la jeune fille renonça au bonheur personnel et à l'amour ; elle se sentit prise par l'attrait du martyre.

> Ce sont les noces les plus belles,
> Les rouges noces de la mort.

Le Progrès humain demande le sacrifice des

(1) *La Raison*, d'Adèle Caldelar, 28 avril 1867.
(2) *La Raison*, 6 mai 1867.

meilleurs parmi les hommes aux jours des grandes tragédies humaines. La « Vierge rouge » ayant donné son cœur à la cause de l'Humanité se sent marquée pour les holocaustes futurs.

Évoquant le serment d'amour que Bories un des quatre sergents de la Rochelle échangea sur l'échafaud avec sa fiancée, elle écrit encore les vers suivants :

> Amis aux jours troublés sont des noces pareilles
> Les noces des martyrs dans les aubes vermeilles
>   Dureront éternellement.
> Il en est d'entre nous, pour ce pacte suprême
> Sur le Progrès sans fin que garde la mort même
>   Ils signeront avec leur sang.

Louise est prête pour le martyre. La « Vierge rouge » renonce à l'hymen ; à la Révolution elle se donnera toute entière.

CHAPITRE II

Avant la Commune

*Louise Michel institutrice. — Sa vie à Paris. —
La formation de ses idées philosophiques et
politiques.*

> Ici tout est vieux et gothique
> Ensemble tout s'effacera
> Ces vieillards, la ruine antique
> Et l'enfant au loin s'en ira.

écrivait quelques années avant sa mort Charles-
Étienne Demahis dans une poésie dédiée à des
Antiquaires. Le deuil devait en effet s'abattre
sur le château de Vroncourt; le 3o novembre
1845, le vieux révolutionnaire mourait et cinq
ans plus tard sa femme le suivait dans la tombe.
Louise après la mort de ceux qu'elle appelait
ses grands parents quitta la maison paternelle.
Charles-Étienne Demahis lui avait constitué une
petite dot et choisi comme tuteur un juge de
paix d'un canton voisin, M. Voiron.

C'est alors que Louise, considérée comme la
jeune fille du château, et que l'on appelait com-
munément dans le pays Mademoiselle Demahis,
sentit douloureusement l'origine de sa naissance.

Mme Laurent Demahis, née Emard, jalouse de la dot que son beau-père avait faite à Louise, par sa froideur hautaine et l'interdiction qu'elle fit à la jeune fille de porter le nom de Demahis, la jeta brutalement à la porte de la famille. Louise souffrit pour la première fois d'être une « bâtarde ». Toute l'affection qu'elle avait pour ses « grands parents » se concentra sur sa mère et devint un vrai culte. Le tuteur de Louise Michel, M. Voirin, essaya mais vainement de la conciliation. Voici la letre qu'il écrivit un jour à Mme Laurent Demahis.

Madame,

J'apprends par Victoire Michel votre mécontentement au sujet d'une pièce de vers publiée dans un journal du département et signé Michel Demahis ; mon mécontentement a précédé le vôtre.

J'ai parlé avec une extrême sévérité à l'auteur dont la moindre faute, en ce cas e°t été de faire un écrit plein de fautes de sens, de langage et de génie. Elle n'y retombera plus, ni pour la publication, ni pour la signature, ni pour le style car elle a parfaitement compris qu'elle avait mal fait de toutes façons.

Elle est à Chaumont, dans un Pensionnat, où elle va chercher le moyen de se faire un état et en même temps elle a suivi mes conseils. Je lui ai d'ailleurs mis en relief de se rattacher à vous. Je crois aussi, que son attachement, qui est plus que de l'amitié ne peut pas nuire à votre famille, quoiqu'en pense sa mère, elle sent qu'elle doit rester dans le célibat, à ses dispositions que nous avons affermies afin de considérer vos enfants comme ses héritiers. Conservez donc votre modération jusqu'au bout. Vous n'aurez jamais lieu de le regretter. Louise est de la famille de votre mari ; ses sentiments moraux l'y rattacheraient quand il n'y aurait pas d'autre lien.

Je vous prie d'agréer, etc.

VOIRIN.

Malgré cet appel à l'intérêt personnel, Mme Laurent Demahis n'eût pas de meilleurs rapports avec Louise et sa mère. La jeune fille désormais, sans appui dans la vie, résolut de se créer une situation et d'entrer dans l'enseignement.

A Chaumont étaient organisés des cours normaux dirigés par Mmes Beths et Royer, pour la préparation aux brevets d'institutrice.

Louise s'installla au chef-lieu du département afin de suivre ces cours et de passer ses examens.

Emmagasiner rapidement tout un amas de connaissances superficielles, afin de les dégorger le jour de l'examen; cela parût bien fastidieux, à la puissante intelligence de la jeune fille, habituée à Vroncourt à la vraie culture rationnelle, dans la liberté du commerce des livres et le contact d'esprits supérieurs comme les Demahis.

Louise avait trop lu et trop réfléchi; l'énergie vitale de son esprit était trop intense pour ne pas souffrir du genre d'études auquel elle devait être astreinte. Sans cesse, elle est obligée, à cette époque, de dompter en elle, le besoin d'approfondir les choses, d'arriver aux sources du savoir. La date de l'examen liée dans son esprit, à la nécessité de la lutte pour la vie ne devait pas lui laisser le temps d'étancher sa soif de science.

Ce manque de temps, écrit-elle, c'était avant 71 la torture de toute vie d'institutrice. On était aux prises avant le diplôme avec un programme qu'on se grossissait outre mesure et après, le même programme dégonflé, vous laissait voir que vous ne saviez rien.

Parbleu ! ce n'était pas une nouvelle, toutes en étaient là à cette époque, mais les sources vives où l'on eût voulu se désaltérer ne sont pas pour ceux qui ont à lutter pour l'existence. »

Bravement, Louise Michel passa ses examens et remit à plus tard le soin d'une culture supérieure. Pour ne pas se séparer de sa mère, elle accepta tout d'abord d'être institutrice dans la Haute-Marne. En 1853 nous la trouvons tout près de Vroncourt à Audeloncourt, où elle dirige une école libre. Pour être institutrice communale il aurait fallu faire un serment de fidélité à l'Empire.

Indignée du coup d'État du 2 décembre, toujours en relations avec Victor-Hugo maintenant proscrit, Louise est alors ardemment républicaine. Elle fait chanter la « Marseillaise » à ses élèves matin et soir. Le dimanche, à l'église lorsque le prêtre a commencé à entonner le « Domine salvum Napoleonem » on entend brusquement un bruit précipité de petits sabots sur le pavé, ce sont les élèves de l'école libre qui se pressent, se bousculent pour sortir le plus vite possible : leur maîtresse leur a dit que c'était un sacrilège de prier pour Napoléon.

Des dénonciations parviennent naturellement à Chaumont et l'institutrice est appelée chez son chef universitaire, un brave homme libéral, qui l'écoute complaisamment exposer avec sincérité ses idées et ses rêves d'avenir. Ces voyages au chef-lieu pour « affaires » sont la grande distraction de la vie monotone de l'institutrice de campagne. Louise revoit ses anciennes maîtresses, ses compagnes d'études, elle parcourt la vieille ville, la rue des Choignes, le Boulingrin, elle subit la séduction des étalages de livres nouveaux et de musique nouvelle venant de Paris puis, toujours gaie et espiègle comme à l'école du village, elle s'amuse avec ses amies à faire des farces aux pourfendeurs de républicains. Elle dessine sur leurs portes, à la craie rouge, une oreille d'âne et cherche à les effrayer de toutes sortes de façons, par toutes sortes d'espiègleries.

A Audeloncourt, son activité ne se borne pas à sa classe; elle continue à envoyer des vers à Victor Hugo et les réponses du poète la rendent suspecte au pouvoir, elle collabore à des journaux de Chaumont et un jour elle est mandée chez le Préfet pour un feuilleton qui commençait ainsi :

Domitien régnait, il avait banni de Rome les philosophes et les savants, augmenté la solde des prétoriens, rétabli les jeux Capitolins et l'on adorait le clément empereur en attendant qu'on le poignardât. Pour les uns l'apothéose est avant, pour les autres elle est après, voilà tout. Nous sommes à Rome en l'an 95 de J.-C.

« Vous avez insulté Sa Majesté l'Empereur en le comparant à Domitien et si vous n'étiez pas si jeune, on serait en droit de vous envoyer à Cayenne », lui dit le Préfet.

Sans se troubler, la jeune fille répondit que ceux, qui reconnaissaient Napoléon Bonaparte dans le portrait de Domitien l'insultaient tout autant, mais que c'était en effet bien Napoléon qu'elle avait eu en vue et quant à Cayenne, elle ferait volontiers le voyage aux frais du gouvernement pour y établir une maison d'éducation.

Le Préfet fut désarmé et tranquillement Louise revint à Audeloncourt.

Mais la jeune institutrice s'ennuyait dans le petit village. Avide de science, passionnée pour les idées républicaines, Paris « la ville lumière » le foyer des révolutions passées l'attirait de plus en plus. En 1856 elle trouva une place de sous-maîtresse chez Mme Vollier qui dirigeait alors une institution de jeunes filles, 14 rue du Château-d'Eau et peut réaliser enfin ce rêve si long-temps caressé : vivre à Paris.

Le Paris du Second Empire ne ressemblait plus à celui qui avait vu les révolutions de 1830 et de 1848. Peu à peu les rues étroites et sombres où une ardente population avait jadis dressé des barricades disparaissaient sous la pioche du démolisseur. Des boulevards, des avenues larges les remplaçaient faisant pénétrer l'air et la lumière dans la ville. De superbes hôtels, des maisons vastes et bien ordonnées, des monuments publics s'édifiaient d'année en année. Les Halles centrales, le nouvel Opéra, le Châtelet, quantité d'églises et de casernes neuves lui donnaient un tout autre aspect. Cette transformation de la vieille capitale correspondait à la tranformation profonde qui s'opérait dans la vieille société. L'activité économique était alors intense, l'application de la science à la vie pratique, les inventions scientifiques en créant la grande industrie, nécessitaient la concentration des capitaux. Des sociétés de crédit nombreuses s'installaient à Paris et une puissance nouvelle, celle de l'argent, commençait à dominer. Le « traitant » de l'ancien régime avait été souvent fort maltraité par les rois qui comblaient le déficit de leur trésor en lui faisant rendre gorge. Sous Napoléon III le financier débute dans la prise de possession du pouvoir. Jecker pour recouvrer une créance usuraire engage, grâce à Morny, la France dans la guerre du Mexique. C'est l'ère moderne capitaliste qui s'annonce; désormais les grands manieurs d'argent remplaceront auprès des puissants du jour les favorites des anciens rois et secrètement tiendront les rênes de la politique. Ils seront les vrais rois de l'avenir et leur puissance occulte toujours grandissante finira par étendre ses réseaux serrés sur le monde. La Bourse sous le Second Empire est devenue le cœur de Paris. C'est là, dans la clameur de l'offre et de la demande des valeurs, dans la fièvre des batailles d'argent, qu'un sang nouveau se forme qui infectera de son virus moral l'organisme social tout entier. La passion des spéculations financières produit alors ses ravages dans toutes les classes de la société. Les fortunes colossales gagnées aux jeux de Bourse exercent leur séduction néfaste sur des millions d'êtres. Devenir riche afin de pouvoir jouir est pour chacun l'idéal suprême. Le culte de l'or s'empare de la majorité des esprits.

Dans le Paris nouveau, les banquiers et les gens de finance ont remplacé l'aristocratie nobiliaire d'autrefois à la tête de la société. Une frénésie de jouissances sensuelles les dévore. Dans la ville qu'ils ont corrompue, le plaisir des sens a remplacé l'amour, « la grisette » petite ouvrière sentimentale de la Restauration, a cédé la place à la courtisane froide, au cœur de marbre « la lorette » couverte de diamants et de bijoux qui défraye la chronique mondaine du luxe de ses chevaux, de sa baignoire d'argent ou de son boudoir tendu de satin blanc brodé d'or. Dans le Paris du Second Empire « la lorette » est reine à côté du financier; c'est elle qui a inventé la crinoline et le garibaldi, c'est sur elle que les femmes de la haute bourgeoisie admirant son luxe, tâchent de se modeler ; l'ouvrière essaie d'imiter la bourgeoise.

Dans toutes les classes sociales, les dépenses de toilette deviennent exagérées. De la duchesse de Mouchy exhibant un million cinq cent mille francs de diamants sur sa robe à Mimi Pinson qui orne la sienne de simili-or, le goût de la parure est chez toutes aussi intense, entraîne souvent les mêmes conséquences. La prostitution clandestine, de la demeure impériale à la simple maison du fonctionnaire, satisfait partout ce besoin de luxe des femmes, incompatible avec leur budget familial. La corruption envahit toute la société.

Les excitations sensuelles s'offrent de toutes parts à l'animal humain ; au spectacle, la danseuse du ballet a racourci sa jupe jusqu'au tutu.

A quoi pense cette mondaine à l'air songeur? se demande un chroniqueur du temps.

« Elle médite un problème de géométrie mo-
« rale. Elle cherche pour sa prochaine robe de
« bal la ligne mathématique où une femme peut
« être nue sans cesser d'être habillée ». (1).

Sous le règne de l'or, le corps féminin est devenu une marchandise plus ou moins cotée suivant le désir masculin. Porter ce désir à son maximum afin de se vendre le plus cher possible, n'est plus seulement l'art propre de la courtisane, mais aussi le but de l'élégante à qui l'hypocrisie sociale offre moins de liberté et qui doit cacher ses manœuvres subtiles sous les apparences de la décence et de l'honnêteté.

Avec la dignité de la femme, c'est aussi la dignité de la pensée que le Baal moderne a immolée à sa soif de luxure. La littérature est asservie à l'or, des pièces de théâtre qui se jouent à cette époque n'ont eu d'autre but que celui de mettre en valeur la jambe ou la taille d'une actrice entretenue par un gros financier, la grivoiserie envahit toutes les productions de l'esprit, les

(1) *La Babylone nouvelle*, Eugène Pelletan.

romans de Paul de Kock ont un prodigieux succès, dans le café chantant les sous-entendus indécents de la chansonnette font s'épanouir d'aise le bourgeois égrillard. Partout l'esprit est devenu le serviteur des instincts inférieurs de l'homme. Le règne de l'or a élevé à l'animal humain une apothéose.

Dans ce Paris qu'un écrivain de cette époque appelait la Babylone moderne, Louise Michel vit la vie austère et ascétique de l'institutrice pauvre. Sous-maîtresse chez Mme Vollier, directrice de pensionnat, en 1865, avec Mlle Caroline L'Homme son associée, elle est obligée pendant tout le temps de l'Empire de se débattre sans cesse contre la pauvreté et les soucis d'argent. Les loyers sont trop chers, la rémunération scolaire trop faible. L'institutrice pour garder l'extérieur convenable que réclame sa profession doit user de toutes sortes d'expédients.

Louise Michel nous raconte dans ses *Mémoires* comment à cette époque elle arrivait malgré tout à être vêtue décemment à peu de frais en achetant ses habits et ses bottines au Carreau du Temple ou à des revendeuses à la toilette. Les économies sur la nourriture complétaient celles du vêtement et avec quelques ressources tirées de leçons supplémentaires données après les classes, son budget se bouclait péniblement.

Comme autrefois à Chaumont, Louise nous avoue ses dettes chez les libraires. Indifférente aux jouissances matérielles et au luxe qui s'étale autour d'elle la jeune institutrice ne songe qu'à vivre ardemment la vie de l'âme. Les productions de l'esprit exercent une fascination sur elle. Etre au courant de la pensée de son époque est un désir si violent qu'elle ne peut pas lui résister et malgré sa bourse vide n'hésite pas à apaiser sa soif de savoir, achetant à crédit les publications scientifiques et littéraires, les ouvrages philosophiques qui ont séduit sa curiosité intellectuelle. D'une santé robuste, Louise prend sur son sommeil les heures nécessaires à sa culture personnelle. Sa passion pour l'algèbre, la volonté d'être capable de suivre le mouvement scientifique de son époque la poussent à faire toute seule des études de mathématiques supérieures.

Elle suit aussi plusieurs fois par semaine des cours de physique, de chimie, d'histoire naturelle, à la rue Hautefeuille siège de toutes sortes de sociétés où domine l'esprit républicain. Elle-même trouve encore le moyen d'y faire de temps en temps des conférences de littératures anciennes, là elle rencontre les chefs du parti républicain : Jules Favre, Eugène Pelletan, Jules Simon.

C'est avec un souvenir attendri qu'elle se rémémore plus tard ce milieu de vie ardente.

La science et la liberté ! Comme c'était bon et vivifiant ces choses-là, respirées sous l'Empire dans ce petit coin perdu de Paris ! Comme on y était bien, le soir, en petits groupes, et aussi les jours de grandes séances où plus nombreuses, on laissait aux étrangères la salle entière ! Nous nous placions, le petit tas des enthousiastes, dans le carré près du bureau où était la boîte du squelette avec une foule d'autres choses dont le voisinage nous plaisait.

De là, au fond de l'ombre, nous entendions et voyions bien mieux.

La petite salle débordait de vie, de jeunesse, on vivait en avant, bien en avant, au temps où tous auront une autre existence que celle de bête de somme dont on utilise le travail et le sang.

Surtout cinq ou six ans avant le siège, la rue Hautefeuille formait, au milieu du Paris impérial une retraite propre où ne venait pas l'odeur du charnier ; quelquefois les cours d'histoire grondaient en *Marseillaise* et cela sentait la poudre.

Louise Michel fréquente aussi les clubs du quartier latin où se réunit la jeunesse républicaine. Elle se lie d'amitié avec plusieurs disciples de Blanqui. Son activité intellectuelle alors est intense ; elle collabore à toutes sortes de journaux, féministes, littéraires, politiques, écrit des romans, des drames, quantité de poésies, compose des opéras.

Cette époque est surtout importante pour la formation des conceptions philosophiques et sociales qui domineront son caractère et sa vie.

Le grand développement des sciences au XIXe siècle a créé sous le Second Empire un puissant courant de pensée qui envahit toutes les formes de l'activité intellectuelle. L'influence du positivisme d'Auguste Comte se fait sentir surtout à ce moment-là. La science complètement émancipée de la métaphysique est devenue une sorte de reine dans le domaine de l'esprit, elle-même libérée de ses anciennes entraves se renouvelle et prend d'autres voies pour aller à la recherche du vrai. En 1865 la publication de « Introduction à l'étude de la médecine expérimentale de Claude Bernard », marque une révolution profonde dans l'ordre scientifique. L'ancien dogmatisme officiel ouvre la place à une nouvelle méthode d'investigation basée sur le déterminisme des phénomènes et l'expérimentation. Peu à peu les idées directrices de la science, les procédés de recherche de la vérité employés en Physique et en Chimie, entreront dans les autres domaines de la pensée; les sciences psychiques à leur tour seront pénétrées du même esprit scientifique qui anime le médecin ou le chimiste dans leurs travaux. Le moraliste considérera la vertu et le vice comme « des produits ainsi que le vitriol et le sucre ». L'œuvre littéraire apparaîtra au critique un résultat de la combinaison d'influences multiples qu'il s'efforcera de démêler. Sainte-Beuve, Taine ont ainsi introduit les méthodes de la science dans le domaine de la littérature. On perçoit à cette époque les liens étroits qui unissent entre elles les différentes parties du savoir humain. Beaucoup de psychologues sont convaincus qu'il faut connaître l'homme physique pour expliquer l'homme intellectuel et moral et mettent à la base de leurs études la physiologie et la médecine. De nouvelles doctrines scientifiques comme celle de l'évolution que Darwin prit à Lamarck, vulgarisa et compléta vers

1858 dans son livre de l'*Origine des Espèces*
ont renouvelé le roman et le théâtre qui commencent à poser des problèmes jusqu'alors inconnus : hérédité, lutte pour la vie. L'histoire
se tranforme par l'application aux sociétés
humaines, des méthodes employées à l'étude
des sociétés animales. De la prédominance de la
science sur la pensée de cette époque naît le
culte de la vérité, le goût de la précision et de
l'exactitude ; le fait, le document prennent une
importance capitale dans les travaux, intellec-
tuels ; démontrer et prouver toute affirmation
énoncée devient un besoin de l'esprit. Saisir
avant tout le réel est non seulement le but de la
littérature, mais aussi celui de l'art. Avec le roman réaliste se développe la peinture dont Courbet a été le théoricien et l'un des plus illustres
représentants. Pour lui « la raison doit être en
tout la dominante de l'homme », et en art elle
doit primer le sentiment. « Traduire les idées,
les mœurs, l'aspect de mon époque, selon mon
appréciation, être non seulement un peintre,
mais encore un homme, en un mot, faire de
l'art vivant, tel est mon but » nous dit-il et
Proudhon pourra écrire avec justesse :

« Courbet peintre critique, analytique, syn-
thétique, humanitaire est une expression du
temps. Son œuvre coïncide avec la Philosophie
positive d'Auguste Comte. La Métaphysique
positive de Vacherot. Le Droit humain, ou Justice immanente de moi, annonçant la fin du

capitalisme et la souveraineté des producteurs ».

Par l'éducation rationnaliste reçue à Vroncourt, les idées du xviii° siècle dont elle avait été nourrie dès son enfance, enfin par son culte de la science, Louise était admirablement préparée à vivre dans l'ambiance intellectuelle de cette époque ; aussi ses conceptions philosophiques portent-elles avant tout la marque du temps. L'esprit positif et scientifique domine sa pensée.

Elle rompt nettement avec le spiritualisme officiel et lui oppose des arguments tirés des sciences.

L'Idée est donc véritablement le produit de l'organisme humain, écrira-t-elle plus tard, et pourtant on dirait qu'elle le chauffe et le lance comme l'aiguilleur conduit la machine. Cela s'explique : puisque les êtres sont le produit de leur époque, c'est cette époque qui les soulève avec les autres poussières.

Le Manuel du Baccalauréat répondrait que l'esprit, n'étant pas composé de parties, ne saurait se dissoudre, outre qu'on le voit s'éteindre partiellement avec tel ou tel lobe du cerveau — la folie l'attaque ou partiellement ou complétement.

La croyance universelle, etc., etc., les penchants enracinés dans le cœur de l'homme, etc.

Ce sont toutes ces preuves-là qui me font dire : Il n'y a rien après la mort (1).

. . . .

Pourtant, s'il y avait l'éternité, comme l'immensité, avant et après nous, et que la partie qui pense s'en aille dans les courants inconnus de l'électricité, et s'y absorbe ainsi que les éléments du corps retournent aux éléments matériels, ce ne serait pas miracle. Visible ou invisible ce ne serait que la nature encore, et je me suis souvent demandé pourquoi on s'ima-

(1) *Mémoires.*

gine que cette électricité inconsciente ou non s'en allant à des creusets invisibles, prouverait Dieu plus que la naissance des organismes qui grouillent sur la terre.

Malheureusement, la pensée sécrétée par le cerveau ne peut subsister quand ce qui la produisait n'existe plus.

Contrairement à certains de ses amis républicains encore sous l'influence du spiritualisme en honneur en 1848, Louise Michel ne croit ni à la vie future ; ni à l'immortalité de l'âme. La nature pour elle est le théâtre des transformations infinies; la vie individuelle se mêle par la mort à la vie universelle « les hommes en mourant ressemblent aux molécules qui se renouvellent sans que le corps, l'humanité s'en aperçoivent » (1). Cesser de vivre c'est simplement retourner au grand Tout. L'être humain est soumis comme tout ce qui existe aux lois inéluctables qui dominent l'univers.

> Tout a sa pente et doit la suivre (2)
> Le givre tombe sur le givre (2)
> Etres et flots ont leurs courants.

Dans le monde rien ne se crée, rien ne se perd, tout se transforme et la vie naît sans cesse de la mort.

> Dans un trou sous la roche sombre (3)
> La louve allaite ses petits,
> Elle les fait cacher dans l'ombre !
> Les chasseurs fouillent tous les nids.

(1) Prise de possession.
(2) Fragment de l'épopée humaine.
(3) Sylva Nature, poésie. *A travers la vie*, Fayard.

Elle sait qu'on poursuit sa race
Sans savoir pourquoi toutefois
Ni pourquoi quand l'hiver nous glace
La faim chasse le loup du bois.

Triste la bête se lamente ;
Elle hurle, et ses petits tremblants
Innocents de l'œuvre sanglante
Poussent de longs gémissements.

Pleurent-ils l'étrange nature
Qui fait tout vivre de la mort?
Chaque être n'est qu'une pâture
Et tout subit le même sort .

La nature oblige les êtres vivants à se dévorer les uns les autres. L'homme se nourrit du cadavre de l'animal. La chenille en mourant se change en papillon. Partout la vie sort de la mort. Mais à travers la série des transformations s'accomplit le Progrès. Dans le domaine humain l'Histoire ne fait qu'enregistrer, la naissance, le développement, la décadence des civilisations successives. Chaque étape que franchit l'humanité demande les sacrifices des générations mais cette étape est un progrès. L'humanité va sans cesse en avant vers le perfectionnement.

L'être comme la race, monte et s'épanouit en feuilles et en fleurs.

Pareils aux fruits verts, nous ne serons bons qu'à engraisser le sol, mais ceux qui viendront après nous porteront semence pour la justice et la liberté.

La sève qui monte, à notre époque de transition est puissante.

Il ne peut naître aujourd'hui des croisements humains, à travers des vicissitudes infinies, que des races révolutionnaires,

chez ceux mêmes qui nient l'imminence de la Révolution.
L'évolution au lent travail est achevée, il faut que la chrysa-
lide crève la vieille peau ; c'est la Révolution.

Depuis que l'humanité gît, les ailes enveloppées, des sens
nouveaux ont germé ; même physiquement l'homme nouveau
ne nous ressemblera plus.

Mourons donc, misérables que nous sommes, et que s'effondrent sur nous nos monstrueuses erreurs, jusqu'à la dernière ;
et que la race humaine se déploie et vive où l'on égorgeait le
troupeau humain.

Avec Ampère, Pierre Leroux, et la plupart des
penseurs de son époque, Louise Michel a foi au
Progrès et croit comme Renan à la « possibilité
d'êtres auprès desquels l'homme serait presque
aussi peu de chose qu'est l'animal relativement
à l'homme » (1). Dans un splendide élan vers
l'avenir elle évoque ardemment cette humanité
de demain :

Salut à l'humanité libre et forte qui ne comprendra pas comment si longtemps nous avons végété, pareils à nos aïeux des
cavernes, ne dévorant plus la chair les uns des autres mais
dévorant leur vie.

Est-ce qu'aujourd'hui les multitudes ne s'effondrent pas
dans des hécatombes et des misères sans nombre, pour le bon
plaisir de quelques-uns, avec cette seule différence qu'au
temps de nos aïeux, c'est plus en grand. Est-ce que les peuples
ne sont pas fauchés comme des moissons ? En taillant les
chaumes on secoue le grain sur la terre pour les printemps
séculaires ; chaque goutte de sang des croisements humains
bout dans nos veines ; c'est dans cette tourmente que viendra
le renouveau.

Si la Révolution qui gronde sous la terre laissait quelque
chose du vieux monde, ce serait toujours à recommencer !
Elle s'en ira donc pour toujours, la vieille peau de la chrysa-
lide humaine.

Dialogues et fragments philosophiques, Renan, p. 18.

Il faut que le papillon déploie ses ailes, qu'il sorte saignant de sa prison ou qu'il crève.

Salut à la race au sang chaud et vermeil en qui tout sera justice, harmonie, force et lumière !

Dans ces temps-là, on prendra pour tout la ligne droite au lieu de chercher pour tout des millions de détours et les petites lueurs tremblottantes qu'on prend pour des étoiles et qui sont à peine des vers luisants disparaîtront dans la clarté du jour (1).

Dans l'ensemble de l'humanité sans cesse en devenir; qu'est-ce que l'être humain? C'est l'infiniment petit, une goutte d'eau dans l'océan, le grain de sable que le vent secoue en rafales, le raisin qu'écrasera le pressoir de l'humanité.

Voyez les grains de sable et les tas de blés mûrs et, dans les cieux profonds, les astres entassés ; tout n'est-il pas semblable ? Où tout cela s'en va c'est là que nous allons (2).

Tout ce qu'il y a de purement individuel en l'homme est donc périssable ; mais le Progrès est éternel ; le seul moyen qu'ait un être humain pour ne pas mourir tout entier c'est de consacrer sa vie à une fin qui le dépasse; L'égoïsme est vain, la recherche du bonheur, une duperie; le bonheur d'ailleurs s'il existait serait éphémère. Ce qu'il y a de plus rationnel pour l'homme, c'est de suivre la grande loi de la nature qui mêle la vie individuelle à la vie universelle, c'est de vivre pour l'ensemble de l'humanité et de se sacrifier au Progrès humain.

(1) *Mémoires*, page 100.
(2) *Mémoires*.

> Pour rendre le parfum puissant
> Je sais que comme une rosée
> La terre doit boire mon sang

dit Hena (1).

> Qu'importe, quand la coupe est pleine
> Où sont les grappes de raisin?
> Les épis qui couvrent la plaine
> Sous la meule mêlent le grain.
> Je vais où l'on coupe la gerbe
> Je vais où l'on foule le vin,
> Où l'on fauche l'herbe avec l'herbe
> Où l'on fait le vin et le pain.

Et toute pénétrée de l'austère loi du déterminisme scientifique qui domine le monde, Louise Michel arrive à penser comme le mystique chrétien qu'il faut « se mourir à soi-même » pour pouvoir vivre une vie plus haute et plus intense « une vie isolée ne peut être intéressante qu'autant qu'elle tient aux multitudes de vies qui l'ont environnée » (1).

Les souffrances ou les joies d'un être humain, ses qualités ou ses défauts mêmes, tout ce qui est purement individuel importe peu, ce qui compte, c'est la trace qu'il laissera en disparaissant.

Qu'importe ce que nous sommes, si notre œuvre est grande et nous couvre de sa lumière. Il ne s'agit pas de nous dans ce que nous commençons ; il s'agit de ce qui sera pour l'humanité quand nous aurons disparu (1).

---

(1) *La légende d'Hena*. Fragment de la *Légende du Barde*. Recueil de vers, intitulé *A travers la vie*. Fayard.
(2) *Mémoires*.

Et cette doctrine ne conduit pas seulement
Louise Michel à l'abnégation, au renoncement
de soi, mais encore à l'humilité philosophique.
Elle considère les hommes comme les produits
d'influences multiples; la liberté et la responsabilité n'existent pas, elle ne croit pas au mérite, ce qu'il y a de bon en nous ne vient pas
de nous.

Il y a aussi de vrai, que nul ne peut être loué, de ce qu'il
fait, puisqu'il le fait parce que cela lui plaît. Il n'y a pas
d'héroïsme puisqu'on est empoigné par la grandeur de l'œuvre
à accomplir et qu'on reste au-dessous.

On dit que je suis brave ; c'est que dans l'idée, dans la
mise en scène du danger, mes sens d'artiste sont pris et
charmés, des tableaux en restent dans ma pensée, les horreurs de la lutte comme des bardits.. ..

Empoigné par l'idée je n'ai nul mérite à mépriser un danger auquel je ne songe pas.

Nature essentiellement intellectuelle, Louise
Michel arrive à ressusciter en elle les vertus des
saints des âges de foi chrétienne au nom d'un
idéal athée. Cet idéal domine son caractère et sa
vie. La fillette de Vroncourt montant à l'échafaud sur le tas de fagots en criant : « Vive la
République » est devenue, à Paris, une femme
rationaliste qui a longuement médité sur les
destinées des hommes et des mondes à la clarté
de la science. Devant son esprit critique les
instincts généreux de son enfance ont obtenu
droit de cité et c'est volontairement dans la
pleine lumière de sa raison que la « Vierge
rouge » a décidé de se vouer tout entière au
Progrès humain.

Voici en de beaux vers sa profession de foi.

Comme au seuil du désert l'horizon est immense
— Enfant, où t'en vas-tu par le sentier nouveau?
Là-bas dans l'inconnu, quelle est ton espérance?
— Où je vais? Je ne sais, vers le bien, vers le beau.

Je ne veux ni pleurer ni retourner la tête ;
si ce n'était ma mère, ah! bien plus loin encor,
Par la vie incertaine où souffle la tempête,
J'irais, comme l'on suit les sons lointains du cor.

Une fanfare sonne au fond du noir mystère,
Et bien d'autres y vont que je retrouverais.
Écoutez ! On entend des pas lourds sur la terre.
C'est une étape humaine ; avec ceux-là j'irais.

J'aimais l'ombre du clos, tout plein de folles herbes ;
J'aimais les nuits d'hiver, où vient le loup hurlant
Par les brèches du mur ; l'été, les lourdes gerbes
Et dans les chênes verts, les rafales du vent.

Jeune fille, veux-tu t'asseoir calme et paisible
Et comme les oiseaux, te bâtir un doux nid?
Écoute il est temps, fuis le sentier pénible
Où ton destin sera malheureux et maudit.

Qu'importe! laissez-moi. Voyez les grains de sable
Et les tas de blé mûr, et dans les cieux profonds
Les mondes entassés, tout n'est-il pas semblable?
Où tout cela s'en va, c'est là que nous allons.

Pour l'élite de la génération du Second Empire l'étape humaine à atteindre était alors la République. En exil Victor Hugo écrivait : *Napoléon le Petit*, *Les Châtiments*, et entraînait avec lui, dans la haine de l'Empire, tout ce qu'il y avait de noble et de généreux parmi la jeunesse. Toutes les grandes aspirations humanitaires du passé s'associaient alors à l'idée de République. Avec le poète, la plupart des républicains d'alors voyaient dans la chute de l'Empire une sorte de terre promise où l'humanité allait enfin trouver la liberté et le bonheur.

> Les temps heureux luiront, non pour la seule France
> Mais pour tous. On verra dans cette délivrance
> Funeste au seul passé
> Toute l'humanité chanter de fleurs couverte,
> Comme un maître qui rentre en sa maison déserte
> Dont on l'avait chassé.
>
> Oui, je vous le déclare, oui, je vous le répète,
> Car le clairon redit ce que dit la trompette,
> Tout sera paix et jour !
> Liberté ! plus de serf et plus de prolétaire !
> O sourire d'en haut ! ô du ciel pour la terre
> Majestueux amour !
>
> L'arbre saint du Progrès, autrefois chimérique
> Croîtra, couvrant l'Europe et couvrant l'Amérique
> Sur le passé détruit
> Et laissant l'éther pur luire à travers ses branches,
> Le jour apparaîtra, plein de colombes blanches
> Plein d'étoiles, la nuit.

« Que la République était belle sous l'Empire » écrira plus tard la disciple d'Hugo en se rappelant son rêve. « Il est vrai que nous la voulions sociale et égalitaire » ajoutera-t-elle. Pour Louise Michel, comme pour beaucoup de républicains de cette époque, le mot République (*res publica*) la chose de tous évoquait l'idée de la Révolution sociale.

(1) Lux. *Les Châtiments*, V. Hugo.

Les idées dont Saint-Simon, Fourier, Considérant, avaient enthousiasmé la génération de 1848, étaient encore vivantes dans beaucoup d'esprits.

En 1861, l'Internationale se formait groupant les adeptes de Karl Marx. Naturellement, Louise, qui toute jeune avait pleuré en lisant Lamennais, suivit avec ardeur le courant de pensée socialiste de son époque. Mais l'Empire était là, et comme beaucoup d'hommes généreux de son temps qui rêvaient aussi la disparition du prolétariat, Louise Michel fut dominée par sa haine pour Napoléon. Les proscriptions de Décembre 1851, le martyr des républicains sur les pontons, à Lambessa, à Cayenne, les vers enflammés de Hugo excitaient en elle une colère vengeresse. De ses souvenirs d'Histoire grecque et romaine se dégageait l'apothéose des meurtriers, des tyrans. Comme Flourens, elle pensait que lorsqu'il s'agissait de Napoléon, le *régicide* était un devoir sacré. « Pauvre Orsini, souvent dans la brume des nuits m'apparaît ta tête sanglante » écrivait-elle sur le papier pelure de son journal intime et les vers du maître lui revenaient sans cesse à l'esprit :

> Harmodius, c'est l'heure (1)
> Tu peux tuer cet homme avec tranquillité.

Cette haine de l'Empire obscurcit le sens des réalités politiques et sociales dans son esprit et

(1) Le bord de la mer. *Les Châtiments*, V. Hugo.

dans celui de la plupart des hommes de sa génération. Sauf les adhérents de l'Association
Internationale des travailleurs qui cherchaient
la réalisation du socialisme en sapant les bases
même de l'organisation capitaliste, le plus grand
nombre des révolutionnaires de cette époque ne
percevaient pas nettement la différence qui
existe entre une révolution politique et une révolution sociale. La République devint ainsi un
mirage trompeur qui, à la chute de l'Empire,
détermina souvent d'amères désillusions. Louise
Michel tout entière à la haine du présent ne
put pas prevoir l'avenir. Socialisme et République se confondaient si bien dans son esprit
qu'elle accueillait avec la même sympathie
tous les ennemis de l'Empire. Ses mémoires
nous révèlent une sorte d'affection filiale pour
Jules Favre et pour Eugène Pelletan à qui elle
exposait ses rêves de transformation sociale dans
son manuscrit « la Sagesse d'un fou » et qui lui
répondait, pénétré lui-même des idées humanitaires du passé, « cela sera un jour la sagesse des
peuples. » Le libéralisme de beaucoup de républicains de cette époque partisans de l'égalité
des sexes, de la suppression de la peine de
mort, etc., et de tant d'autre réformes, contri-
buait encore à entretenir dans son esprit l'illusion républicaine. Entre les gens de la rue Hautefeuille et ceux de la rue Corderie-du-Temple,
siège de l'Association Internationale des travailleurs et les disciples de Blanqui, Louise ne

voyait pas de différences, tous n'étaient-ils pas des républicains et ne voulaient-ils pas tous la chute de l'Empire?

La tyrannie alors n'avait qu'une tête, le songe de l'avenir nous enveloppait. L'Homme de Décembre nous semblait le seul obstacle à la liberté (1).

C'est dans ces dispositions d'esprit que Louise Michel se préparait à s'immoler au Progrès humain qu'elle incarnait alors dans l'avènement de la République.

De 1860 à 1870 la jeune républicaine vit dans l'attente de la Révolution. Elle assiste aux réunions des sociétés secrètes, aux manifestations publiques.

Plus tard les symboliques œillets rouges (2) lui rappelleront cette époque d'enthousiasme, qu'elle évoquera en vers ardents.

Dans ces temps-là, les nuits, on s'assemblait dans l'ombre
Indignés, secouant le joug sinistre et noir
De l'homme de Décembre, et l'on frissonnait, sombre
    Comme la bête à l'abattoir.

L'Empire s'achevait. Il tuait à son aise ;
Dans son antre où le seuil avait l'odeur du sang
Il régnait, mais dans l'air soufflant la Marseillaise
    Rouge était le soleil levant.

Il arrivait souvent qu'un effluve bardique
Nous enveloppant tous, faisait vibrer nos cœurs
A celui qui chantait le recueil héroïque
    Parfois on a jeté des fleurs.

(1) *La Commune*, page 10.
(2) *Les Œillets rouges*, parus dans les *Mémoires*, page 158.

De ces rouges œillets que pour nous reconnaître
Avait chacun de nous. Renaissez rouges fleurs !
D'autres vous répandront aux temps qui vont paraître
Et ceux-là seront les vainqueurs.

Depuis 1860, l'Empire chancelait, d'année en année, sa popularité baissait, à chaque élection le nombre des députés de l'opposition augmentait. Par sa politique italienne Napoléon III s'était aliéné les catholiques ultramontains comme de Montalembert défenseurs du Pape. Par son traité de commerce avec l'Angleterre de 1860, il avait mécontenté les industriels français hostiles à l'abaissement des droits de douanes sur les produits étrangers. La classe ouvrière des grandes villes devenait de plus en plus républicaine. L'empereur menacé remplaça le gouvernement autoritaire et conservateur de Rouher, par celui de l'ancien républicain Émile Ollivier et essaya des concessions libérales, mais les haines contre l'Empire étaient trop vigoureuses pour pouvoir s'apaiser et les républicains, avec Rochefort, redoublaient d'ardeur dans leurs attaques contre Napoléon ; les invectives de *La Lanterne*, de la *Marseillaise* devenaient de plus en plus violentes.

Paris pendant les dernières années de l'Empire, était une ville toute républicaine; en 1869 elle n'avait élu que des députés hostiles au Pouvoir.

Aux funérailles de Victor Noir, assassiné par le prince Bonaparte, plus de deux cent mille républicains suivaient le cercueil en frémissant et, comme la Vierge rouge, qui se jour-là portait un poignard sous ses habits d'homme, beaucoup étaient prêts à vendre chèrement leur vie pour instaurer la République. Devant les forces imposantes de l'Empire le vieux Delescluze se rappelant 48 et craignant un massacre ne donna pas le signal de la lutte. L'Empereur, qui cette fois avait échappé au danger, ne se sentait pas très fort et malgré le succès du plébiscite de 1870, la dynastie des Bonaparte ne paraissait pas bien assurée. Napoléon III voulut la consolider par une guerre victorieuse. C'est alors que tombant dans le piège de Bismarck l'Empereur déclara la guerre à la Prusse.

Pendant qu'à Paris, grâce aux soins du gouvernement le vent guerrier soufflait, que des agents de l'Empire déguisés en ouvriers promenaient dans les rues des drapeaux en criant: à Berlin, à Berlin; les membres de l'Association Internationale des travailleurs français adressaient aux travailleurs allemands leur protestation contre la guerre ; des contre-manifestations pacifiques de républicains et de socialistes répondaient à celle de l'Empire. Louise Michel dans des vers écrits le soir même où le cortège des révolutionnaires, dont elle faisait partie, avait été dispersé par la police, décrit la véritable attitude des ouvriers parisiens.

LA MANIFESTATION DE LA PAIX (1)

Dans la nuit, on s'en va, marchant en longues files
Le long des boulevards disant : La paix ! la paix !
Et l'on se sent suivi par la meute servile
Ton jour, ô liberté, ne viendra-t-il jamais ?

Et le pavé frappé par les lourds coups de lance
Résonne sourdement ; le bandit veut durer
Pour retarder un peu sa chute qui s'avance
Il lui faut des combats, dût la France y sombrer.

Maudit, de ton palais sens-tu passer ces hommes ?
C'est ta fin ! Les vois-tu dans un rêve effrayant ?
Ils s'en vont dans Paris, pareils à des fantômes.
Entends-tu ? dans Paris dont tu boiras le sang.

Et la marche scandée avec le rythme étrange
A travers l'assommade, ainsi qu'un grand troupeau
Passe, et César bandit centuple sa phalange
Et pour frapper la France il fourbit son couteau.

Puisqu'on veut le combat, puisque l'on veut la guerre
Peuples le front courbé, plus tristes que la mort.
C'est contre les tyrans qu'ensemble il faut la faire
Bonaparte et Guillaume auront le même sort.

Bonaparte seul devait succomber. La guerre allait amener la chute de l'Empereur et réaliser enfin le désir ardent de tant d'esprits généreux.

Après l'exaltation patriotique du début des hostilités, lorsque la population parisienne était encore surexcitée par des faux bruits de victoires, elle apprenait les premiers désastres Wissembourg, Frœschwiller, Forbach, puis les nouvelles devenaient de plus en plus mauvaises. La colère contre l'Empire grandissait

(1) *Mémoires*, page 160.

chaque jour et succédait à l'enthousiasme. Des Blanquistes amis de Louise Michel, voulurent profiter de cet état d'esprit pour tenter une insurrection et proclamer la République. Le 15 août 1870, ils essayèrent de prendre les armes qui se trouvaient à la caserne des pompiers de la Villette; leur tentative ne réussit pas, et plusieurs d'entre eux, parmi lesquels Eudes et Brideau, furent pris et condamnés à mort.

L'heure de l'avènement de la République n'avait pas encore sonné.

> Nous disions : En avant ! vive la République !
> Tout Paris répondra, tout Paris soulevé
> Se souvenant enfin, Paris fier, héroïque,
> Dans son sang généreux de l'Empire lavé.
> Voilà ce qu'on croyait ; la ville fut muette
> Je vois encore ce jour dans la brume, au lointain.
> Chaque volet se ferme et la rue est déserte.
> Sur nos braves amis, on criait : AuPrussien !

Au lieu de s'abandonner au découragement Louise employa toute son activité à sauver la vie menacée de ses amis, après l'échec du complot. Des milliers de signatures accompagnant l'éloquente et généreuse protestation de Michelet en faveur des condamnés furent recueillies par elle. Avec quelques-unes de ses amies du Droit des femmes, elle alla « au nom du peuple de Paris » présenter à Trochu, alors gouverneur, le volumineux cahier des signatures. La fermeté de Louise, et l'importance du dossier impres-

---

(1) *Les veilleurs de nuit*, page 612. *Mémoires.*

sionnèrent le secrétaire général. L'exécution des condamnés fut retardée. Quelques jours plus tard ce fut le coup de foudre de Sedan : l'Empereur se rendant aux Prussiens avec toute son armée, ses canons, ses armes, ses drapeaux !... Paris cette fois se leva, une foule immense envahit la place de la Concorde, se massa autour du corps législatif, déborda les derniers défenseurs de l'Empire, sergents de ville et gardes municipaux, brisa les grilles et aux cris de Déchéance! Vive la République! envahit les escaliers, la cour, les couloirs de la Chambre. Jules Favre et ses amis cédant au mouvement populaire se rendirent alors à l'Hôtel de Ville pour proclamer la République.

La République! c'était comme une vision de rêve! Elle allait donc venir?

La Vierge Rouge qui l'a attendue pendant si longtemps et désirée si ardemment, se sent inondée de bonheur.

> La République universelle
> Se lève dans les cieux ardents,
> Couvrant les peuples de son aile
> Comme une mère ses enfants.
>
> A l'orient blanchit l'aurore !
> L'aurore du siècle géant.

Et nul ne peut mieux peindre qu'elle, parce

(1) *La Commune*, page 68.
(2) *La Commune*.

que nul ne l'a mieux senti, l'enthousiasme populaire de ces heures-là.

Le gouvernement jurait qu'on ne se rendrait jamais. Toutes les bonnes volontés s'offraient, dévouées jusqu'à la mort ; on eût voulu avoir mille existences pour les offrir. Les révolutionnaires étaient partout, se multipliaient ; on se sentait une puissance de vie énorme, il semblait que l'on fût la Révolution même.

On allait, Marseillaise vivante, remplaçant celle que l'Empire avait profanée. Cela ne durera pas, disait le vieux Nicot qui se souvenait de 48.

Les prédictions de l'ancien révolutionnaire devaient se réaliser et la République allait avoir besoin de défenseurs. La Vierge rouge qui longuement s'était préparée à la lutte, qui jadis avait rêvé « les noces des martyrs dans les aubes vermeilles », sent alors que l'heure de l'action a sonné. Prête au sacrifice elle lance virilement son appel guerrier :

> Amis, l'on a la République,
> Le sombre passé va finir.
> Debout tous, c'est l'heure héroïque
> Fort est celui qui sait mourir (1).

(1) *Respublica* (poésie).

LOUISE MICHEL
en tenue de Garde National

CHAPITRE III

Pendant la Commune.

La République fut proclamée le 4 septembre
1870. Les armées étrangères foulaient le sol français et s'avançaient menaçantes vers la capitale.
Le grand souffle de l'épopée révolutionnaire de
93 souleva l'ardente population parisienne. La
défense du sol national s'identifia avec la défense de l'idéal politique comme au temps de
la Convention. La victoire sur l'allemand signi-
fiait pour cette génération le triomphe de la
République et du progrès social. Dans son journal, « La Patrie en danger », Blanqui ressuscitait
l'âme des soldats de l'an II, et tout Paris com-
muniait avec lui. Jacobins, blanquistes, membres de l'Internationale, rédacteurs du manifeste pacifiste aux travailleurs allemands, prou-
dhoniens, vieux républicains de 48, tous brûlaient de la même fièvre patriotique et voulaient
la résistance à outrance contre l'allemand.

Le cœur et l'imagination tout imprégnés de
l'héroïsme de 93, Louise Michel devait nécessairement vibrer avec son époque. Au moment

où le canon gronde et où il faut combattre, la
vierge de Vroncourt tout comme jadis celle de
Domrémy, n'écoutant que sa foi se prépare à
défendre sa cause par les armes. Avec quelques-
unes de ses amies elle apprend à la foire le maniement du fusil, et à force de percer des car-
tons dans les baraques elle devient un habile
tireur. Comme les héros tant aimés des récits
du grand-père, Louise pourra elle aussi défendre la Patrie en danger. A la nouvelle de l'in-
vestissement de Strasbourg, elle va, entraînant
avec elle tout un groupe d'hommes et de femmes animés de la même foi patriotique, demander des armes à l'Hôtel de ville en criant : A
Strasbourg! à Strasbourg! des volontaires pour
Strasbourg!

L'ardeur, l'enthousiasme de Louise et de ses
camarades grossissent le nombre des manifes-
tants et c'est presqu'un régiment qui vint si-
gner sur les genoux de la statue de Strasbourg
son engagement volontaire. Mais l'Hôtel de ville
n'utilisa pas cet élan patriotique.

Aux premiers jours de la proclamation de la
République, une volonté commune animait le
gouvernement de la défense nationale et le peuple de Paris. Sauver la République et sauver la
France était d'abord le but de tous les anciens
ennemis de l'Empire. Le geste symbolique de
Jules Favre, sur les marches de l'Hôtel de ville,
pressant sur son cœur les trois représentants
de la Révolution parisienne, Louise Michel et

ses amis Ferré et Rigaud en les appelant ses chers enfants, traduisait d'une façon éloquente l'union de tous devant le danger commun.

Plus tard aux heures douloureuses la révolutionnaire vaincue se rappellera amèrement cette étreinte. L'accord, en effet, ne devait pas durer longtemps entre les représentants de la bourgeoisie française et le peuple de Paris. Comme en 1793 où les émigrés français combattaient dans les armées étrangères pour conserver leurs privilèges; la défense de la classe l'emporta en 1870 sur la défense du sol national. La victoire du prolétariat parisien, décidé à résister jusqu'à la mort, n'était-elle pas dangereuse pour l'ordre social? Telle est la question que se posaient les Favre, les Trochu, les Jules Ferry et le spectre rouge se dressait effrayant devant eux. « La levée en masse, l'accélération de l'armement, le rationnement des vivres! clamait la population parisienne « Paris républicain est résolu à s'ensevelir sous ses ruines plutôt que de se rendre » disaient les membres du Comité central républicain. Et les politiciens retors de la Défense nationale répondaient au peuple de Paris.

On a répandu le bruit que le Gouvernement de la défense nationale songeait à abandonner la politique pour laquelle il a été placé au poste de l'honneur et du péril.

Cette politique est celle qui se formule en ces termes : ni un pouce de notre territoire, ni une pierre de nos forteresses.

Le Gouvernement la maintiendra jusqu'à la fin.

Et en même temps Trochu parlait « de l'héroïque folie » de la résistance de Paris et chargé de la défense songeait à la capitulation tout en affirmant énergiquement que le gouverneur de Paris ne capitulerait pas.

Secrètement, Thiers était envoyé en mission auprès des nations neutres en vue de la conclusion d'un armistice.

Le peuple de Paris devinait qu'on se jouait de lui et que le but poursuivi par le gouvernement était contraire à ses déclarations. Chaque jour Blanqui, dans son journal, signalait les fautes de la défense. La mauvaise volonté que l'Hôtel de ville mettait à armer, à organiser, à équiper le prolétariat, éclatait chaque jour davantage. Les nouvelles des défaites, de la reddition de Metz, l'abandon du Bourget maladroitement démenties, puis enfin avouées officiellement augmentaient encore la colère et la haine de la population. Un vent d'émeute grondait chaque jour de plus en plus fort. Louise Michel, pendant le siège, partageait la vie ardente du peuple. Dès la proclamation de la République des comités de vigilance, des clubs s'étaient formés dans tous les arrondissements de Paris; leur mission était de recueillir toutes les propositions et toutes les réclamations des citoyens concernant la guerre et l'administration, de surveiller et de contrôler la défense ; les membres de ces comités étaient élus dans les réunions populaires. Dans ces clubs le peuple de Paris s'organisait pour lutter contre l'étranger et pour défendre la République. La sincérité profonde de Louise, sa passion révolutionnaire, sa bravoure devant le danger, lui donnaient une influence puissante sur les ouvriers de Montmartre, héroïques et idéalistes comme elle. C'est avec un souvenir doux et attendri que dans son Histoire de la Commune, la Vierge rouge évoque cette communion d'âmes révolutionnaires.

Aux comités de vigilance se réunissaient les hommes absolument dévoués à la Révolution, promis d'avance à la mort ; là se retrempaient les courages. On s'y sentait libre, regardant à la fois le passé sans trop copier 93, et l'avenir sans craindre l'inconnu...

On y venait par attirance ayant les caractères s'harmonisant ensemble, les enthousiastes et les sceptiques, fanatiques tous de la révolution, la voulant belle, idéalement grande !...

Au comité de vigilance de Montmartre et à la Patrie en danger, j'ai passé mes plus belles heures du siège ; on y vivait un peu en avant, avec une joie de se sentir dans son élément au milieu de la lutte intense pour la liberté.

Plusieurs clubs étaient présidés par des membres du comité de vigilance, celui de la Reine Blanche l'était par Burlot, un autre par Avronsart, celui de la salle Perot par Ferré et celui de la justice de paix par moi.

Le mot présider ne s'entendait pas alors, par une fonction honorifique, mais par l'acceptation devant le gouvernement, de la responsabilité, ce qui se traduisait par la prison, et par le devoir de rester à son poste en maintenant la liberté de réunion malgré les bataillons réactionnaires qui venaient jusqu'au bureau menacer et injurier les orateurs.

Je déposais d'ordinaire près de moi, sur le bureau, un petit vieux pistolet sans chien, qui habilement placé et saisi au bon moment arrêta souvent les gens de l'ordre, qui arrivaient, frappant à terre leurs fusils ornés de la baïonnette.

Les clubs du Quartier Latin, ceux des arrondissements populaires étaient d'accord.

De Montmartre à Belleville une même volonté de résister jusqu'à la mort devant le Prussien,

de défense sociale contre la bourgeoisie, anima
le prolétariat parisien. Les souvenirs de 93 ai-
dant, peu à peu naquit l'idée d'instaurer à la
place du gouvernement de la Défense nationale,
une Commune élue qui serait l'émanation
même du peuple de Paris.

Le 31 octobre les bataillons de la garde nationale de Belleville sous la conduite de l'auda-
cieux et héroïque Flourens, descendirent la colline et se massant devant l'Hôtel de ville criè-
rent au gouvernement des Favre et des Trochu:
Déchéance! Pas d'armistice! Résistance à mort!
Vive la Commune.

Le gouverneur de Paris promit des élections
que l'on réclamait, puis grâce à ses régiments
bretons il réussit à vaincre l'insurrection et les
hommes du 4 Septembre après avoir été d'abord
les prisonniers de Flourens, l'envoyèrent à Mazas
avec d'autres blanquistes ses amis.

Le mouvement avorté devait recommencer à
se produire. L'exaspération du peuple de Paris
grandissait à mesure que les desseins des gens
du pouvoir se dévoilaient plus nettement. A
l'annonce de la prise de l'Hôtel de ville par les
bataillons de Belleville, le général Ducrot qui
occupait au 31 octobre la porte Maillot, s'était
mis en marche vers Paris, menaçant ainsi le
prolétariat de l'écraser à la première tentative
d'émancipation. Le gouvernement refusait à la
garde nationale des sorties contre l'ennemi qui
avait investi Paris ; le bombardement, les mi-

sères du siège, le froid, la faim, les longues queues devant les boucheries et les boulangeries s'ajoutaient encore au malaise moral. Le 19 janvier le Gouvernement s'était décidé à laisser la Garde nationale reprendre Buzenval et Montretout, mais ces opérations mal dirigées avaient échoué. Les gardes nationaux, à Montretout, mitraillés par les forts du mont Valérien et de Rueil, arrêtés dans leur attaque par un ordre du général Ducrot, accusaient de trahison le gouvernement et les généraux. Une grande effervescence régnait alors dans Paris, la colère, l'exaspération étaient au comble. Le 21 janvier tous les délégués des clubs, ceux de la Garde Nationale se réunirent à Montmartre et un coup de main contre l'Hôtel-de-Ville fut décidé pour le 22 janvier. La veille les blanquistes avaient assailli Mazas et délivré Flourens. Pour la première fois Louise Michel allait défendre sa cause par les armes. « En fait de protestations, nous dit-elle, je résolus de prendre mon fusil comme les camarades ». Vêtue de l'uniforme de Garde Nationale, Louise descendit de Montmartre avec le 101ᵉ bataillon pour se masser en face de l'Hôtel-de-Ville. Mais le gouvernement se souvenant du 31 octobre avait garni le monument de troupes. Une bataille allait s'engager entre les Bretons de Trochu et la Garde Nationale. Dans son *Histoire de la Commune*, Louise Michel nous en a laissé le vivant récit.

Le balles faisaient le bruit de grêle des orages d'été. Ceux qui étaient armés répondirent froidement sans s'arrêter, les Bretons tiraient, leurs balles entraient dans la chair vive, les passants, les curieux, hommes, femmes, enfants tombaient autour de nous. Certains gardes nationaux avouèrent depuis avoir tiré non sur ceux qui nous canardaient, mais sur les murs où en effet fut marquée la trace de leurs balles.

Je ne fus pas de ceux-là ; si on agissait ainsi, ce serait l'éternelle défaite avec ses entassements de morts et ses longues misères et même la trahison.

Debout devant les fenêtres maudites, je ne pouvais détacher mes yeux de ces pâles faces de sauvages, qui sans émotion, d'une action machinale, tiraient sur nous comme ils eussent fait sur des bandes de loups et je songeais : Nous vous aurons un jour, brigands, car vous tuez mais vous croyez ; on vous trompe, on ne vous achète pas ; il nous faut ceux qui ne se vendent jamais, et les récits du vieux grand-père passèrent devant mes yeux, de ce temps où héros contre héros, implacablement combattaient, les paysans de Charette, de Cathelineau, de Larochejaquelin contre l'armée de la République.

La première fois qu'on défend sa cause par les armes, on vit la lutte si complètement qu'on n'est plus soi-même qu'un projectile.

A partir du 22 janvier, l'âme guerrière de la Pucelle de Domrémy, son mépris superbe de la mort, son abnégation suprême devant le danger vont revivre dans la Vierge de Vroncourt. L'heure du courage civique est passée, les clubs sont désormais fermés par ordre du gouvernement. C'est comme soldat que Louise Michel va désormais servir la cause de la Révolution communaliste.

Après l'échec de l'insurrection du 22 janvier, le Gouvernement de la Défense Nationale enlevant brusquement son masque, annonça aux parisiens la capitulation de Paris et la conclusion d'un armistice avec l'ennemi le 28 janvier 1871.

Une assemblée nationale devait être élue dans les 8 jours pour stipuler sur la paix ou la guerre. Paris et quelques grandes villes seulement étaient alors animées de la flamme patriotique et républicaine, la masse des paysans désirant avant tout la paix ne vota pas pour les républicains partisans de la continuation de la guerre et c'est ainsi qu'une majorité de monarchistes fut envoyée à Bordeaux pour traiter avec les Prussiens.

Un conflit violent ne pouvait manquer d'éclater entre cette assemblée que l'on qualifiait de « rurale » et le prolétariat des grandes villes. Paris surtout devait concentrer les haines des représentants du passé. Consternée devant les événements, la ville ardente au milieu du deuil et de la tristesse voyait luire un phare de salut : La Commune. Dans ce gouvernement du peuple par le peuple, elle mettait son suprême espoir. La Commune seule pouvait sauver la République et la France. A cette foi nouvelle des milliers de combattants reprenaient courage.

Déjà la Garde Nationale s'organisait pour la lutte, nommait à l'élection son comité central. Le prolétariat parisien armé inspirait une terreur formidable aux gens de l'Ordre qui à Bordeaux ne cessaient de montrer leur hostilité contre Paris et le régime politique établi par la Révolution du 4 Septembre.

Les gardes nationaux de Montmartre et de Belleville effrayaient surtout les députés de l'assemblée, on les soupçonnait de vouloir avec leurs canons, mitrailler les quartiers riches.

L'orléaniste Thiers, nommé chef du pouvoir exécutif, désirait avant tout désarmer le peuple.

En attendant, l'état de siège dans la capitale était proclamé.

Un bonapartiste, Vinoy, était nommé gouverneur de Paris ; le clérical d'Aurelles de Paladine, recevait le commandement en chef de la Garde nationale, qui avait choisi Garibaldi ; les journaux républicains étaient supprimés ; les élections communales refusées. L'assemblée dans sa terreur choisissait Versailles pour siéger désormais, menaçant Paris de le « décapitaliser », comme on disait alors.

A toutes ces provocations, l'Assemblée ajouta deux mesures qui devaient inévitablement soulever toute la population parisienne. La suppression de la paye des gardes nationaux à une époque de chômage, réduisit à la famine des milliers de prolétaires.

La loi sur les loyers et les échéances mena à la faillite la classe moyenne des petits commerçants. Du 13 mars au 17 mars, il y eut à Paris, 150.000 protêts, à un moment où il était à peu près impossible à un homme d'honneur de faire face à ses engagements.

Devant l'exaspération du peuple, Thiers se

souvenant du 31 octobre et du 22 janvier n'eut plus qu'un but : désarmer la ville.

La Garde Nationale possédait des canons achetés par souscriptions, qu'on avait traînés à Montmartre, à Belleville, aux Buttes-Chaumont, au moment où selon l'armistice les Prussiens allaient occuper une partie des quartiers de Paris.

Le Gouvernement demanda à la Garde Nationale de lui livrer ces canons. Son Comité Central refusa. Ce fut alors la lutte ouverte entre les deux adversaires. Thiers résolut d'agir par surprise. Le 18 mars des troupes cantonnées dans les baraquements des boulevards extérieurs devaient au point du jour monter sur les buttes pour s'emparer des pièces. Les soldats vers trois heures du matin sortirent silencieusement et dans Montmatre endormi purent facilement accomplir leur mission.

Ils prirent les canons, mais la cavalerie chargée de les transporter n'arrivait pas. Éveillés par les coups de feu tirés sur la sentinelle et le poste de garde de la rue des Rosiers, les habitants des buttes se réunirent en foule autour des parcs d'artillerie; la Garde Nationale alertée vint pour défendre ses canons. Les troupes de ligne fraternisèrent avec elle, avec les femmes, les enfants mêlés aux combattants. Le général Lecomte, après plusieurs sommations commanda le feu contre la foule. Ses soldats passant du côté du peuple jetèrent leurs fusils ou levèrent la

crosse en l'air. Cette fois ce fut le triomphe de
« la Commune ».

Déjà quelques jours avant cet événement, le
Gouvernement avait tenté un coup de main sur
le parc de la place des Vosges. Louise Michel qui
appartenait alors au 61ᵉ bataillon de la Garde
Nationale, en ardente révolutionnaire veillait au
siège central du Comité militaire, au 6 de la rue
des Rosiers où elle était allée porter une communication. Au 18 mars c'est elle qui la première, à l'attaque de l'ennemi, donne l'alarme.
A son appel les gardes nationaux surgissent, le
tambour bat. Son sang-froid et son énergie con-
tribuent pour une grande part à la victoire du
peuple de Paris.

Écoutons-là, elle-même, narrer avec son bel
enthousiasme révolutionnaire cette journée mé-
morable.

Dans l'aube qui se levait on entendait le tocsin ; nous montions au pas de charge, sachant qu'au sommet il y avait une
armée rangée en bataille.

Nous pensions mourir pour la liberté.

On était comme soulevé de terre. Nous morts, Paris se fût
levé. Les foules, à certaines heures sont l'avant-garde de l'océan
humain.

La butte était enveloppée d'une lumière blanche, une aube
splendide de délivrance.

Tout à coup je vis ma mère près de moi et je sentis une
épouvantable angoisse ; inquiète, elle était venue, toutes les
femmes étaient là montées en même temps que nous, je ne
sais comment.

Ce n'était pas la mort qui nous attendait sur les buttes où
déjà pourtant l'armée attelait les canons pour les joindre à
ceux des Batignolles enlevés pendant la nuit, mais la surprise
d'une victoire populaire.

Entre nous et l'armée, les femmes se jettent sur les canons, les mitrailleuses ; les soldats restent immobiles.

Tandis que le général Lecomte commande feu sur la foule, un sous-officier sortant des rangs se place devant sa compagnie et plus haut que Lecomte crie : Crosse en l'air ! Les soldats obéissent. C'était Verdaguerre qui fut pour ce fait surtout, fusillé par Versailles quelques mois plus tard.

La révolution était faite (1).

Le Comité central de la Garde Nationale après la victoire prit le pouvoir, annonça tout de suite qu'il allait procéder aux élections communales et quelques jours après la Commune fut proclamée au milieu d'un enthousiasme immense.

Thiers après avoir dans une affiche demandé « aux bons citoyens de se séparer des mauvais » ne réussit à grouper autour de lui que 500 gardes nationaux. Pour préparer la revanche de la bourgeoisie, il s'enfuit à Versailles décidé à mettre en exécution le plan qu'il avait jadis proposé à Louis-Philippe en 1848 : faire le siège de Paris insurgé. Des armées françaises prisonnières en Allemagne allaient avec l'assentiment de Bismarck être employées à vaincre l'insurrection parisienne.

Se précipiter sur Versailles dans le premier élan de la victoire populaire avec les forces imposantes de la Garde Nationale et des troupes de ligne qui avaient passé à la révolution; s'emparer de la Banque de France et de l'énorme ressource monétaire de trois milliards et demi de francs qu'elle possédait alors, c'était les deux moyens nécessaires qui devaient être employés pour con-

(1) *La Commune*

solider la révolution communaliste. Mais la Commune manqua d'audace ; ses membres furent en proie à des scrupules de légalité, d'honnêteté qui dans la lutte implacable n'effleureront jamais la conscience de ses adversaires, et ce manque d'audace au moment suprême fut la cause de sa chute.

Les communards n'osaient pas attaquer Versailles par crainte d'une guerre civile devant l'ennemi. Lorsque le Gouvernement de Versailles fût prêt, le 2 avril, ce fut lui qui attaqua le premier. Deux armées marchèrent sur Paris, l'une par Montretout et Vaucresson, l'autre par Rueil et Nanterre.

A partir de ce moment jusqu'à la fin du mois de mai où eut lieu la défaite de la Commune, Louise Michel comme soldat a une vie de lutte ardente dans les compagnies de marche où elle est engagée. A ce moment la tâche essentielle c'est de combattre les ennemis de la Révolution ; tandis que d'autres s'occupent à des besognes secondaires, « la Vierge rouge » dont l'esprit est dominé par la pressante et dure réalité, laisse les rêveries idéologiques à des cerveaux plus faibles. Tandis qu'à la Commune, au Comité central de vaines discussions au moment du péril agitent les dirigeants du peuple, Louise se bat, elle se bat incessamment, sans trêve; lorsque son bataillon le 61ᵉ est au repos, elle s'en va avec d'autres, ne voulant pour rien au monde quitter la lutte. On la trouve successivement aux Mou-

lineaux, au fort d'Issy, à Clamart, puis à Mont-
rouge aux tranchées des Hautes-Bruyères, etc.

Pendant tout le temps de la Commune, je n'ai passé chez
ma pauvre mère qu'une seule nuit. Ne me couchant, je pour-
rais dire jamais, je dormais un peu n'importe où, quand il
n'y avait rien de mieux à faire ; bien d'autres en ont fait autant. Chacun s'est donné tout entier, de ceux qui voulaient la
délivrance.

nous dit-elle dans ses *Mémoires*.

Nul soldat n'a pratiqué plus qu'elle l'oubli de
soi. Son mépris du danger est tel qu'il va parfois jusqu'à l'imprudence.

Un jour assise en face de l'ennemi, elle prend
tranquillement une tasse de café avec un étudiant en discutant sur Baudelaire. Dans la chaleur de la discussion, elle ne prêtait aucune
attention à la pluie de balles qui à droite et à
gauche tombaient autour d'elle. Rudement in-
terpellée par ses camarades, elle s'était à peine
retirée qu'une bombe arriva brusquement au
milieu des tasses à café et les brisa.

Une autre fois protégée par un abri, elle aper-
çut dans un trou du mur d'en face un chat qui
miaulait désespérément pendant que des obus
éclataient tout près de lui. Brusquement elle
traversa la zone dangereuse et alla chercher le
chat au milieu des cris d'effroi des soldats de son
bataillon.

C'est avec une simplicité charmante que
Louise raconte cette scène dans ses *Mémoires* :

____

(1) *Les Mémoires.*

« Je suis allée chercher le chat, mais en tout, cela n'a pas duré une minute » dit-elle pour se disculper d'avoir négligé son devoir par sentimentalité. Louise s'est d'ailleurs accoutumée très vite au sifflement des balles qui lui rappelle « le bruit de la pluie pendant les orages d'été » aux détonations des obus, aux spectacles sanglants et horribles des blessés déchiquetés par les éclats de la mitraille, des morts qui tombent. Pour elle comme pour les Fédérés ses camarades, l'héroïsme naît de l'ardeur et la profondeur de la conviction; c'est pour un but sublime et une cause sainte que Louise donne la mort et risque sa vie (1). « Empoignée par l'idée, je n'ai nul mérite à mépriser un danger auquel je ne songe pas » avoue-t-elle modestement (2).

« Quel effet vous fait la vie que nous menons », lui demande un camarade de tranchée. « L'effet de voir devant nous une rive à laquelle il faut atteindre » répond-elle.

Louise s'était d'ailleurs préparée moralement depuis longtemps à cette vie d'abnégation, elle avait pressenti elle-même la destinée qui l'attendait. Lorsque dans son *Histoire de la Commune* elle évoque ses souvenirs de combat, une strophe de vers écrits sous l'Empire mais qui s'adaptent merveilleusement aux événements d'alors lui revient naturellement à la mémoire.

(1) *Les Mémoires.*
(2) *Histoire de la Commune.*

> Une fanfare sonne au fond du noir mystère
> Et bien d'autres y vont que je retrouverai.
> Écoutez, on entend des pas lourds sur la terre.
> C'est une étape humaine, avec ceux-là j'irai.

Le triomphe de la Commune, c'est le triomphe même du Progrès humain et c'est pour cela que Louise, toujours maîtresse de sa sensibilité, s'abandonne aux impressions d'art que la lutte produit en elle. « Oui, barbare que je suis, j'aime le canon, l'odeur de la poudre, la mitraille dans l'air »...

« Dans l'idée de la mise en scène du danger, mes sens d'artiste sont pris et charmés », mais ajoute-t-elle, « je suis surtout éprise de la Révolution » et pour la « Vierge Rouge » c'est la splendeur de l'idéal révolutionnaire qui jette sur toutes ces choses de la guerre son éblouissement. C'est la grandeur du but qui magnifie les moyens employés pour l'atteindre.

> Frères, dans la lutte géante (1)
> J'aimais votre courage ardent.
> La mitraille rouge et tonnante,
> Les bannières flottant au vent,
> Sur les flots par la grande houle
> Il est beau de tenter le sort.
> *Le but c'est de sauver la foule,*
> La récompense c'est la mort.

Soldat héroïque, Louise Michel a joué un rôle important dans la lutte contre Versailles.

A la bataille des Moulineaux, le *Journal offi-*

(1) *A mes frères.* Poésie écrite à la prison de Versailles, 8 septembre 1871.

ciel de la Commune mentionne ainsi son action : « Dans les rangs du 61° bataillon combattait une femme énergique, elle a tué plusieurs gendarmes et gardiens de la paix. » Pendant de nombreuses nuits elle veille presque seule dans les tranchées, à la gare de Clamart. Mais c'est surtout au milieu du danger qu'elle devient une force puissante, pour rallier, enflammer les courages, entraîner les hommes. Comme Jeanne d'Arc elle allait en avant, la première à l'assaut, donnant aux troupes de la Commune l'élan révolutionnaire.

Maintenant on se tait, c'est la lutte ; il y a une montée où je cours en avant, criant : à Versailles ! à Versailles ! Razoua me jette son sabre pour rallier. Nous nous serrons la main en haut sous une pluie de projectiles, le ciel est en feu, personne n'est blessé. On se déploie en tirailleurs dans les champs pleins de petites souches, mais on dirait que nous avons déjà fait ce métier-là (1).

Par son sang-froid et son énergie, elle évite les paniques. Un jour à Clamart un jeune homme dominé par la peur voulait absolument rendre la gare à l'ennemi alors que l'artillerie de Versailles faisait rage (1).

Faites-le, si vous voulez, lui dis-je, moi je reste là, et je fais sauter la gare si vous la rendez. Je m'assois avec une bougie, sur le seuil d'une petite chambre, où étaient entassés les projectiles, et ma bougie allumée j'y passai la nuit (2).

...La gare tint comme à l'ordinaire.

(1) *Histoire de la Commune*, page 191.
(2) *Histoire de la Commune*.

Mais c'est surtout pendant les derniers jours de la lutte, après l'entrée des Versaillais à Paris que l'héroïsme de Louise Michel devient sublime. La cause est perdue, Dombrowski désespéré va se faire tuer. Des représailles renouvelant les horreurs de la Guerre des Albigeois sont annoncées dans le *Journal officiel de Versailles*.

Pas de prisonniers ! Si dans le tas, il se trouve un honnête homme réellement entraîné de force, vous le verrez bien : dans ce monde-là un honnête homme se désigne par son auréole ! Accordez aux braves soldats la liberté de venger leurs camarades en faisant sur le théâtre et dans la rage même de l'action ce que le lendemain, ils ne voudraient pas faire de sang-froid.

Louise au lieu de songer à fuir et à sauver sa vie, décide avec ses admirables camarades de lutte la résistance à mort. Des barricades s'élèvent de toutes parts dans Paris. Au cimetière de Montmartre, puis à la Chaussée Clignancourt, nous trouvons la Vierge rouge parmi les derniers combattants. Vivons avec elle ces heures terribles, désespérées où la Commune vaincue ne veut pas mourir.

A la mairie de Montmartre, La Cécilia, pâle, décidé à tout tenter pour la lutte, cherche à organiser la défense.

Nous nous retrouvons là, plusieurs du comité de vigilance, le vieux Louis Moreau, Chevalot. Avec Louis Moreau et deux autres, nous convenons d'aller nous rendre compte pour faire sauter la butte quand les Versaillais seront entrés ; car nous sentons bien qu'ils entreront, tout en répétant : Paris vaincra ! ce dont nous sommes sûrs c'est qu'on se défendra jusqu'à la mort.

Sur la porte de la Mairie, des fédérés du 61e nous rejoignent.

— Venez, me disent-ils, nous allons mourir, vous étiez

avec nous le premier jour, il faut y être le dernier. Alors je fais promettre au vieux Moreau que la butte sautera, et je m'en vais avec le détachement du 61ᵉ au cimetière Montmartre, nous y prenons position. Quoique bien peu, nous pensions tenir tenir longtemps. Nous avions par places crénelé les murs avec nos mains. Des obus fouillaient le cimetière devenant de plus en plus nombreux...

La nuit était venue, nous étions une poignée bien décidés.

Certains obus venaient par intervalles réguliers ; on eût dit les coups d'une horloge, l'horloge de la mort. Par cette nuit claire, toute embaumée du parfum des fleurs les marbres semblaient vivre.

Plusieurs fois nous étions allé en reconnaissance l'obus régulier tombait toujours, les autres variaient. Je voulus y retourner seule, cette fois l'obus tombant tout près de moi à travers les branches me couvrit de fleurs, c'était près de la tombe de Mürger (1).

. . . .

Les Versaillais arrivèrent ensuite...

Combien de temps dura la lutte, je ne sais. Tout ce que je me rappelle c'est qu'elle fut effroyable.

On se battait corps à corps, on s'égsrgeait avec les sabres-baïonnettes.

C'étaient des râles d'agonisants, des hurlements de douleur et de rage.

Force nous fut de nous replier sur les barricades qui tenaient encore...

Le feu ! le feu ! devant eux, criai-je... (2).

Louise combat ensuite derrière la barricade de la Chaussée Clignancourt, elle salue le cadavre de Dombrowski que l'on porte sur une civière et voit tomber successivement ses camarades de lutte·

Nous étions encore quinze derrière notre rempart de pavés, bientôt nous ne fûmes plus que cinq, puis nous ne fûmes que trois, un capitaine de fédérés, un petit breton et moi.

(1) *Les Mémoires.*
(2) *Souvenirs et aventures de ma vie*, parus dans la *Vie populaire.*

Les assiégeants ne se doutaient pas certes que nous n'étions que trois, deux hommes et une femme pour les tenir en échec !

Mais à la fin nos munitions s'épuisèrent. Il ne nous restait plus qu'à attendre la mort. Cette fois je crus bien que tout était fini et l'image de ma pauvre mère passa devant mes yeux dans un voile de brume (1).

Elle aperçoit tout à coup des gardes nationaux.

Venez, leur crie-t-elle, nous ne sommes que trois.

Mais c'étaient des Versaillais déguisés.

Brusquement Louise est saisie, soulevée et rejetée dans la tranchée de la barricade à demi assommée. Étourdie d'abord, elle se relève ensuite, ses camarades ont disparu, les Versaillais fouillent les maisons.

Louise se glisse parmi les morts et rampant le long des murs au milieu de la fumée elle va vers Montmartre où le massacre commence.

J'étais sauvée ou à peu près, mais ma mère qu'allait-elle devenir?

S'ils allaient se venger sur elle !

Affolée je me dirigeai vers la rue Houdon, la nuit était venue.

Montmartre était déjà rempli de soldats ivres qui fusillaient à bout portant tous les hommes qui avaient les mains noires et aussi ceux qui avaient les mains blanches.

La rue était transformée en abattoir... (2)

Arrivée chez elle, Louise ne trouve pas sa mère, on l'a emmenée à sa place au bastion 37.

(1) *Souvenirs et aventures de ma vie.* — *La Vie populaire.*
(2) *Histoire et aventures de ma vie.*

En courant, la jeune fille mortellement inquiète
se rend chez le commandant du bastion. Elle
délivre la pauvre femme en se constituant prisonnière. Alors commence pour la vierge héroïque cette vie de martyr qu'elle avait jadis rêvée
à la lueur de l'Histoire et à laquelle elle s'était
vouée volontairement. L'heure de la douleur est
arrivée.

> Le tocsin vibre dans l'espace,
> Lentement il sonne le glas.
> C'est la noce rouge qui passe
> La mort est assise là-bas
> La mort de pourpre revêtue
> Aussi de flammes est la nue
> Tocsin, Tocsin, sonne le glas !
> Le glas ! (1)

C'est le glas de la Commune que la révolutionnaire vaincue entend sonner au bastion 37.
Dans leur lutte désespérée, les insurgés ont
élevé une barrière de feu contre les envahisseurs.
Un immense incendie dévore Paris, la rage des
vainqueurs est à son comble, par milliers, les
Fédérés tombent devant les chassepots et les
mitrailleuses. Un massacre plus épouvantable
que celui de la Saint-Barthélemy couvre de
sang la vieille capitale et Louise voit se réaliser
cette vision rouge qui avait hanté ses songeries
sous l'Empire et qu'elle avait enchâssée dans
ses vers.

(1) *Les Noces rouges*, poésie écrite sous l'Empire.

Pour que soit libre enfin la terre
Les braves lui donnent leur sang.
Partout est rouge le suaire
Et la mort va le secouant.
Dans ses mains il devient bannière,
Pourpre dans le soleil levant.
Hommes, couvrez toute la terre !
Tocsin, tocsin, vibre menaçant !

Afin que germe plus puissante
L'idée ainsi qu'une moisson
A la Mort, semeuse géante
Il faut des tombes pour sillon
Tocsin, tocsin, sonne la moisson.

. . . .

Le sang fait fleurir la Vengeance.
Comme l'eau fleurit les gazons
Bientôt viendra la délivrance
Bientôt les vermeilles moissons !
Ce sont les noces les plus belles
Les rouges noces de la mort
De beaucoup n'est-ce pas le sort?
Tocsin, tocsin, frappe tes ailes
Qu'on ne s'endorme pas
Tocsin, tocsin, sonne le gas
Le glas !

Au bastion 37, parmi la masse des prisonniers en face du poteau d'exécution, Louise attend la mort, les fusils des soldats sont déjà chargés. Le général de Gallifet apparaît furieux et fait fusiller devant elle deux malheureux commerçants de Montmartre pris dans la rafle qui demandent grâce, crient, se débattent, ne voulant pas mourir. Des langues de flammes s'élèvent à l'horizon. « Voilà de votre ouvrage » lui dit le commandant du bastion, en lui montrant l'incendie.

« Nous ne capitulons pas, nous », répond la fiancée de la mort se redressant fièrement devant le vainqueur. Mais Louise qui a secoué la poussière de ses cheveux et fini sa toilette afin d'être convenable pour mourir. « — J'ai déjà avoué que nous avions nous tous du 71, des coquetteries pour la mort » dit-elle, — n'est pas fufusillée ce jour-là.

Un escadron de dragons vient prendre possession des prisonniers du bastion pour les conduire à Satory et Louise dans la file des communards, enserrée entre une double haie de chevaux, marche vers le calvaire, exténuée bientôt par le long parcours, trempée par la pluie. « Faites-les marcher rondement, et s'il y en a dans le tas qui s'avisent de faire les malins, brûlez-leur la cervelle ; avec ces gens-là pas de pitié, plus on en tuera, mieux ça vaudra » avait dit le commandant en livrant son troupeau humain et les dragons sabraient, frappaient de coups de crosse les malheureux qui ne pouvaient pas suivre le pas des chevaux.

Près de Louise marchait une sœur de charité en cornette blanche, arrêtée au moment où elle donnait à boire à des insurgés mourants. A Versailles, les prisonniers sont assaillis par une foule en délire, des cris : A mort! à mort! des huées, des insultes s'échappent de toute part, une crise de folie sadique envahit les jouisseurs bourgeois, naguère tremblants de peur devant ces vaincus et sur lesquels ils tirent maintenant comme sur du gibier. Un camarade de Louise a la mâchoire fracassée et les dragons ont peine à repousser ces mâles et ces femelles en furie qui giflent, griffent, se précipitent sur les prisonniers prêts à les déchirer.

Enfin, voici la montée de Satory. « Montez comme à l'assaut des buttes », crie-t-on aux malheureux et ceux-ci s'avancent au pas de charge au devant des mitrailleuses que l'on braque en face d'eux. Louise abandonne ses compagnons de captivité à qui on donne l'ordre de se coucher sous la pluie, dans la boue de la cour. Après lui avoir dit « ce n'est pas la peine de fouiller celle-là, on la fusillera demain matin », on l'enferme avec la religieuse dans la prison des femmes. Étendue sur le plancher dur qui lui sert de couche, avec du pain de siège pour toute nourriture et pour étancher sa soif, en ce chaud jour de mai, l'eau fétide et jaune d'une mare ensanglantée où les soldats lavent leurs mains, Louise oubliant son immense détresse ne songe qu'à ses compagnons plus malheureux.

Arrivée toute ruisselante de pluie, elle a rencontré parmi les prisonnières des amies qui lui ont prêté des habits secs. « Je me reprochais d'être si à mon aise pendant que mes compagnons de route étaient sous la pluie », nous dit-elle dans son *Histoire de la Commune* et cette sainte laïque dont l'altruisme est si grand va être soumise à la plus effroyable des tortures morales.

On ne peut rien imaginer de plus horrible que les nuits de Satory. On pouvait entrevoir par une fenêtre à laquelle il était défendu de regarder, sous peine de mort (mais ce n'était pas la peine de se gêner) des choses comme on n'en vit jamais.

Sous la pluie intense où de temps à autre, à la lueur d'une lanterne qu'on élevait, les corps couchés dans la boue apparaissaient, sous forme de sillons ou de flots immobiles, s'il se produisait un mouvement dans l'épouvantable étendue, sur laquelle ruisselait l'eau, on entendait le petit bruit sec des fusils, on voyait des lueurs et les balles s'égrenaient dans le tas, tuaient au hasard.

D'autres fois, on appelait des noms, des hommes se levaient et suivaient une lanterne qu'on portait en avant, les prisonniers portant sur l'épaule la pelle et la pioche pour faire leurs fosses qu'ils creusaient eux-mêmes, puis suivaient des soldats, le peloton d'exécution (1).

Le cortège funèbre passait, on entendait des détonations, c'était fini pour cette nuit-là.

Après un premier interrogatoire, Louise Michel est envoyée à Versailles à la prison des Chantiers.

Je partis pour Versailles en compagnie d'une vingtaine de femmes parmi lesquelles il y avait quatre ou cinq « figurantes » c'est ainsi que nous appelions des mégères repoussantes, alcooliques invétérées appartenant au triste bataillon du vice. La police de Versailles avait ramassé ces malheureuses et nous les avait données comme compagnes. Elles étaient uniquement destinées à jeter sur nous la déconsidération et le mépris.

« Voyez les pétroleuses, disaient nos vainqueurs, regardez-les bien : c'est le rebut de la société, la lie de la population. » Et les pauvres inconscientes que l'on avait gorgées de vin ne

____

(1) *La Commune.*

comprenant rien au triste rôle qu'on leur faisait jouer entonnaient d'une voix rauque des refrains orduriers (1).

Dans sa nouvelle prison, Louise subit le supplice de la vermine.

Sur le plancher serpentaient de petits filets argentés formant des courants entre de véritables lacs, grands comme des fourmillères et remplis comme les ruisselets d'un fourmillement-nacré. C'étaient des poux énormes, au dos hérissé et un peu bombé, quelque chose de pareil à des sangliers qui auraient eu la taille d'une toute petite mouche ; il y en avait tant qu'on entendait le fourmillement.

Là, les prisonnières couchent sur le plancher comme à Satory, mais au bout d'une quinzaine de jours, on leur donne une botte de paille pour deux et on ajoute une boite de conserves pour quatre au pain de siège. Peu d'organismes féminins peuvent résister à tant de souffrances ; dans les prisons une quantité considérable de femmes meurent, d'autres deviennent folles et Louise enfermée avec ces dernières doit subir sans cesse le spectacle de leur égarement, entendre leurs cris d'épouvante. Le dimanche c'est la curiosité malveillante des visiteurs élégants de Versailles qui dans cet antre de la douleur est un supplice nouveau pour la fière révolutionnaire.

Dans les prisons de Versailles, aux Chantiers puis à la Correction où Louise Michel est ensuite enfermée, les captives peuvent avoir des nou-

(1) Souvenirs et aventures de ma vie.
(2) La Commune.

velles des parents et des amis; la mère de Louise
vient voir sa fille, lui apporte du linge et des
vêtements. La « Vierge rouge » peut correspon-
dre avec le seul homme qui selon la légende lui
troubla le cœur et pour lequel, dit-on, elle nour-
rissait intérieurement un mystérieux amour :
Théophile Ferré.

Le chef de la Sûreté générale de la Commune
réalisait bien en effet le fiancé des rêves que
Louise avait attendu vainement dans sa première jeunesse.

Ce petit homme nerveux, à la belle tête
brune, aux cheveux abondants, à la barbe d'un
noir de jais, au nez busqué, et dont les yeux
derrière le lorgnon brillaient d'une flamme ardente, avait en lui l'âme de Saint-Just. « Nourri
de la légende de 93 », dit Da Costa, d'une pureté d'apôtre, Ferré était tout entier dominé par
la passion révolutionnaire.

Républicain sous l'Empire, inculpé au procès
de Blois, il provoqua l'admiration de la Vierge
rouge par l'audace superbe de son attitude devant le tribunal.

A peine entré dans la salle d'audience il s'a-
dressa ainsi aux juges :

Devant des hommes comme vous, on ne se défend pas. Fai-
tes-moi reconduire en cellule. Je crains l'écœurement de ces
débats. Puisque vous nous tenez, frappez. C'est un bon conseil
que je vous donne. Votre tour viendra bientôt. Nous aurons
bonne mémoire.

Une énergie indomptable au service de ses

idées, tel était le trait dominant du caractère de Ferré.

Par son dévouement absolu à l'idéal révolutionnaire, ce matérialiste disciple d'Hébert ressuscitait en lui l'âme des martyrs des premiers temps du christianisme. Et nul mieux que la Vierge rouge ne pouvait saisir la puissante beauté de ce caractère d'homme, car nul ne lui ressemblait plus.

Louise Michel éprouva pour Ferré une admiration ardente; il fut pour elle une sorte de directeur spirituel, c'est à lui qu'elle offrit le sacrifice de sa vie pour tuer Thiers et terroriser l'Assemblée de Versailles et c'est d'après ses conseils qu'elle abandonna son projet. Après l'exécution de Satory, la profondeur et la force du sentiment qu'elle avait pour lui s'exhala en un violent cri d'indignation : « Sa tête est un défi jeté aux consciences qui demande pour réponse une révolution », s'exclama-t-elle avec une spontanéité qui sera utilisée par l'adversaire. Au jour du jugement, la vierge révolutionnaire qui a renoncé à l'hymen, rêvé les « noces rouges du martyr » entendra l'accusateur du Conseil de guerre lui répéter ses propres expressions et s'en servir pour essayer de lui fouiller le cœur.

« Elle est aussi coupable que Ferré, le fier républicain qu'elle défend de *façon si étrange* » dira l'ennemi, incapable de comprendre la grandeur de ces amours d'apôtres qui ont renoncé au bonheur humain et qui brûlent de la flamme pure de l'Idée. Comme les premiers chrétiens qui s'aimaient en Dieu avec une immense tendresse, Louise aime Ferré en la Révolution.

Dans la prison de Versailles, enfermée tout près de lui, elle a confectionné avec des morceaux de son écharpe rouge de la Commune une fleur symbolique, elle l'envoie au condamné à mort avec les vers suivants tout imprégnés de foi révolutionnaire.

Maison d'Arrêt de Versailles, 4 septembre 1871.
A Théophile Ferré, condamné à mort.

Si j'allais au noir cimetière
Frères, jetez sur votre sœur
Comme une espérance dernière
De rouges œillets tout en fleur.

Dans les derniers temps de l'Empire
Lorsque le peuple s'éveillait,
Rouge œillet ce fut ton sourire
Qui nous dit que tout renaissait.

Aujourd'hui, va fleurir dans l'ombre
Des noires et tristes prisons
Va fleurir près du captif sombre
Et dis-lui bien que nous l'aimons.

Dis-lui que par le temps rapide
Tout appartient à l'avenir
Que le vainqueur au front livide
Plus que le vaincu peut mourir.

Nul accent des idylles ordinaires ne perce dans ces vers écrits au moment suprême de la séparation éternelle. Dans les poésies de Louise comme dans la lettre suivante de Théophile

Ferré, c'est l'amour sacré de la Cause qui domine tout.

Maison d'arrêt cellulaire de Versailles, N° 6 (1).
Dimanche, 8 octobre 1871.

A la citoyenne Louise Michel, prisonnière d'État, Versailles.

Chère citoyenne,

. . . .

> *Vous êtes nos seigneurs et nos maîtres*
> *Notre vie est entre vos mains*
> *Mais les jours ont des lendemains*
> *Et parmi vous sont bien des traîtres.*

Louise Michel. Éternité.

Je vous remercie de m'avoir fait parvenir le récit des funèbres événements auxquels vous avez assisté en des circonstances heureuses qui vous ont fait échapper à l'immense hécatombe ; si les vainqueurs avaient su, en effet, qu'ils tenaient Louise Michel, une femme aussi dangereuse, parce qu'elle a des convictions et que jusqu'à son dernier souffle, elle les maintiendra fermement, certes je n'aurais pas la satisfaction de pouvoir m'entretenir avec vous, et il ne me resterait qu'à joindre votre nom à ceux de tous mes nobles amis qui sont morts pour la cause populaire. Mais, par bonheur, les hommes d'ordre vous ont épargnée, et j'ajoute même, et je suis sûr en cela de vous apporter une grande consolation, leur œuvre n'a pas été bien menée, un nombre suffisant d'hommes de cœur intelligents sont en ce moment à l'abri de toute recherche. Vous devez être un peu fixée sur la manière dont j'envisage les situations et vous ne serez pas sans doute étonnée si je vous déclare que j'ai une confiance de plus en plus forte sur le succès définitif de nos idées. Nous avons été vaincus, eh bien ! nous prendrons notre revanche, sinon nous mais nos frères ; qu'importe alors que moi, par exemple, je n'y assiste pas ! Je connais la valeur et l'énergie de mes compagnons de lutte, et ma suppression ne fera qu'augmenter leur zèle et rendre la justice plus nécessaire. Je vous en prie donc, faites disparaître dans vos prochains écrits la mélancolie et la sensibilité qui ont pris possession de votre esprit ; au lieu de vous appesantir sur nos désastres,

(1) *La Bonne Louise.* E. Girault.

examinez-en plutôt les effets et vous constaterez avec moi que jamais le socialisme n'aura été plus indispensable qu'aujourd'hui. En France il y a trop de républicains pour qu'il soit possible maintenant de rétablir solidement une monarchie et si mes prévisions sont justes, dans quelques années, ceux qui vivront verront de grands changements. Je souhaite que vous soyez parmi ceux-là.

Je conserve avec plaisir vos deux poésies intitulées *Eternité* et les *Œillets rouges* ; je les joins à la pièce de vers *A mes frères* que j'ai reçue antérieurement et, avant de rentrer dans le néant, ma famille en deviendra dépositaire ; je reviens aux *Œillets rouges* pour vous remercier aussi de la gracieuse fleur que vous avez créée ; cette attention m'a beaucoup touché ; je vous envoie, en échange, ma tête et je vous prie de la conserver en souvenir d'un citoyen qui aime la République et le peuple plus que tout.

Tout à vous et à l'Égalité.

Th. FERRÉ.

Comme les martyrs des premiers temps du christianisme, le condamné ne songe qu'à réconforter et raffermir dans sa foi révolutionnaire la sœur qui attend l'épreuve dans la prison proche.

Louise va passer probablement en conseil de guerre et Ferré en est vivement préoccupé à la fin de sa lettre, ce n'est pas l'apostasie, mais la trop grande noblesse d'âme que l'apôtre craint chez sa vaillante camarade, aussi croit-il de son devoir de lui donner, avec autorité des conseils de prudence.

Vous comprenez bien que les conseils de guerre ne sont pas pressés de s'occuper des femmes sérieuses ; cependant, en ce qui vous concerne, si l'on ne vous met pas en liberté, il faudra bien un jour, qu'on vous juge ; je ne suis pas inquiet de votre attitude, mais je désire pourtant vous faire quelques observations : arrangez-vous de façon à être assez calme pour déjouer leurs projets ; surtout pas trop de générosité, c'est une qualité qui a beaucoup perdu de sa valeur à notre époque, et vous en seriez tout simplement dupe ; l'intérêt de notre cause exige la liberté de ses défenseurs et on peut être digne sans être naïf ; je termine en vous conseillant de bien prendre note de mes observations et de vous sortir de cet infâme guêpier le plus promptement possible.

A la personne qui m'a remis *Thucydide*, j'ai donné une lettre pour vous ; est-elle arrivée en votre possession?

Th. F.

Mais Louise ne suivra pas les conseils de Ferré. L'apôtre lui-même, lui a donné l'exemple de son attitude devant le Conseil de Guerre. Après avoir refusé de se défendre et fait l'apologie de la Commune il termine ainsi :

Membre de la Commune de Paris, je suis entre les mains de ses vainqueurs ; ils veulent ma tête, qu'ils la prennent. Jamais je ne sauverai ma vie par la lâcheté ; libre j'ai vécu, j'entends mourir de même.

Je n'ajoute plus qu'un mot : la fortune est capricieuse, je confie à l'avenir le soin de ma mémoire et de ma vengeance.

— Tout cela ne répond pas aux actes pour lesquels vous êtes ici, lui dit le Président.

— Cela signifie que j'accepte le sort qui m'est fait, répond stoïquement Ferré.

Une sorte d'émulation sacrée saisit l'âme de la Vierge rouge, elle sera digne de lui, digne de la cause sainte pour laquelle ils ont combattu ensemble, elle non plus, ne se courbera pas devant le vainqueur.

Est-ce qu'on demande grâce aux gens de Versailles, quand on a comme nous, combattu pour la cause de la justice et de l'humanité?

Est-ce qu'on s'abaisse à implorer la pitié de bourreaux sans entrailles qui ont envoyé tant de victimes aux poteaux de Satory?

Accepter une réduction de peine, c'eût été laisser un lambeau de ma dignité aux mains de ces misérables (1).

Et Louise s'apprête à revendiquer hautement la responsabilité de ses actes devant le tribunal comme elle l'a déjà fait dans un premier interrogatoire. Aussi craint-on sa comparution devant les juges; par un subterfuge, la Préfecture de police la fait envoyer à la prison d'Arras où elle reste du 13 au 28 novembre. Ferré a été fusillé à Satory. Louise aspire au même sort.

De la prison de Versailles, elle a déjà envoyé des vers injurieux aux membres du 3° Conseil de guerre dont voici une des strophes :

> Tous ces temps-ci sont votre ouvrage
> Et quand viendront des jours meilleurs
> L'Histoire sourde à votre rage
> Jugera les juges menteurs
> Et ceux qui veulent une proie
> Vendus, traîtres, suivent vos pas
> Cette claque des attentats
> Mouchards, bandits, filles de joie
> Cassaigne, Mariguet, Guibet, Merlin, Bourreau !
> Gaveau ! Gaveau !
> Merlin, Gaubet, Labat, juger c'est beau !

Et Louise réclame sa mise en jugement, pensant secrètement à « l'impression défavorable qu'une exécution de femme pourrait produire sur l'opinion publique contre Versailles »; enfin lasse d'attendre, après la mort de Ferré, de

(1) *Souvenirs et Aventures de ma vie.*

Bourgeois et de Rossel, Louise Michel écrit au général Appert la lettre suivante :

Prison de Versailles, 2 décembre 1871.

Monsieur,

Je commence à croire au triple assassinat de mardi matin.

Si l'on ne veut pas me juger, on en sait assez sur moi et la plaine de Satory n'est pas loin.

Vous savez bien tous que si je sortais vivante d'ici je vengerais les martyrs !

Vive la Commune !

Louise MICHEL.

Enfin le 16 décembre 1871, Louise Michel comparaît devant le Conseil de Guerre à Versailles.

Voici d'après un journal illustré de l'époque, *le Voleur*, la description de l'inculpée :

Louise Michel est amenée par des gardes. C'est une femme âgée de trente-six ans (1), d'une taille au-dessus de la moyenne.

Elle porte des vêtements noirs ; un voile dérobe ses traits à la curiosité du public fort nombreux ; sa démarche est simple et assurée, sa figure ne décèle aucune exaltation.

Son front est développé et fuyant ; son nez large à la base, lui donne un air peu intelligent ; ses cheveux sont bruns et abondants.

Ce qu'elle a de plus remarquable, ce sont ses grands yeux d'une fixité presque fascinatrice. Elle regarde ses juges avec calme et assurance, en tout cas avec une impassibilité qui déjoue et désappointe l'esprit d'observation, cherchant à scruter les sentiments du cœur humain. Sur ce front impassible on ne découvre rien, sinon la résolution de braver froidement la justice militaire devant laquelle elle est appelée à rendre compte de sa conduite ; son maintien est simple et modeste, calme et sans ostentation.

(1) Louise Michel avait alors 41 ans.

Pendant la lecture du rapport, l'accusée qui écoute attentivement, relève son voile de deuil qu'elle rejette sur ses épaules. Tout en tenant ses regards braqués sur le greffier, on la voit sourire comme si les faits articulés contre elle éveillaient un sentiment de protestation, où étaient contraires à la vérité.

Après lecture du rapport finie, le Président s'adresse à Louise Michel.

« Vous avez entendu les faits dont on vous accuse ; qu'avez-vous à dire pour votre défense? »

Louise Michel répond :

« Je ne veux pas me défendre, je ne veux pas être défendue ; j'appartiens tout entière à la Révolution Sociale et je déclare accepter la responsabilité de tous mes actes ; je l'accepte sans restriction. Vous me reprochez d'avoir participé à l'exécution des généraux ; ils ont voulu faire tirer sur le peuple ; je n'aurais pas hésité à faire tirer sur ceux qui donnaient des ordres semblables.

Quant à l'incendie de Paris, oui, j'y ai participé, je voulais opposer une barrière de flammes aux envahisseurs de Versailles ; je n'ai point de complices, j'ai agi d'après mon propre mouvement.

On me dit aussi que je suis complice de la Commune ! Assurément oui, puisque la Commune voulait avant tout la révolution sociale et que la révolution sociale est le plus cher de mes vœux ; je me fais l'honneur d'avoir été un de ses promoteurs. »

Le capitaine Dailly prend la parole. Il demande au Conseil de retrancher de la Société l'accusée qui est pour elle un danger continuel. Il abandonne l'accusation sur tous les chefs, excepté sur celui de port d'armes apparentes ou cachées dans un mouvement insurrectionnel.

Le Président. — Accusée, avez-vous quelque chose à dire pour votre défense?

Louise Michel. — Ce que je réclame de vous qui vous affirmez conseil de guerre, qui vous donnez comme mes juges,

(1) Lecomte et Clément Thomas, exécutés par la foule, 18 mars. Lissagaray, *Histoire de la Commune*. A Montmartre, rue des Rosiers.

qui ne vous cachez pas comme la commission des grâces, c'est le champ de Satory où sont déjà tombés mes frères ; il faut me retrancher de la société, on vous a dit de le faire. Eh bien ! le commissaire de la République a raison. Puisqu'il semble que tout cœur qui bat pour la liberté n'a droit qu'à un peu de plomb, j'en réclame ma part. Si vous me laissez vivre je ne cesserai de crier vengeance et je dénoncerai à la vengeance de mes frères les assassins de la commission des grâces...

M. LE PRÉSIDENT. — Je ne puis vous laisser la parole si vous continuez sur ce ton.

LOUISE MICHEL. — J'ai fini... Si vous n'êtes pas des lâches, tuez-moi (1).

Victor Hugo dans une poésie dédiée à Louise Michel a rendu l'impression produite par cette attitude sur l'auditoire.

Victor Hugo à Louise Michel.
VIRO MAJOR

Ayant vu le massacre immense, le combat
Le peuple sur sa croix, Paris sur son grabat,
La pitié formidable était dans tes paroles.
Tu faisais ce que font les grandes âmes folles
Et, lasse de lutter, de rêver, de souffrir,
Tu disais : « J'ai tué ! » car tu voulais mourir.

Tu mentais contre toi, terrible et surhumaine.
Judith la sombre Juive, Aria la romaine
Eussent battu des mains pendant que tu parlais.
Tu disais aux greniers : « J'ai brûlé les palais ! »
Tu glorifiais ceux qu'on écrase et qu'on foule
Tu criais : « J'ai tué ! Qu'on me tue ! — Et la foule
Écoutait cette femme altière s'accuser.
Tu semblais envoyer au sépulcre un baiser ;
Ton œil fixe pesait sur les juges livides ;
Et tu songeais, pareille aux graves Euménides.

La pâle mort était debout derrière toi.
Toute la vaste salle était pleine d'effroi
Car le peuple saignant hait la guerre civile.
Dehors on entendait la rumeur de la ville

Cette femme écoutait la vie aux bruits confus
D'en haut, dans l'attitude austère du refus.
Elle n'avait pas l'air de comprendre autre chose
Qu'un pilori dressé pour une apothéose ;
Et, trouvant l'affront noble et le supplice beau
Sinistre, elle hâtait le pas vers le tombeau
Les juges murmuraient : « Qu'elle meure ! C'est juste
Elle est infâme — A moins qu'elle ne soit auguste »
Disait leur conscience. Et les juges, pensifs
Devant oui, devant non, comme entre deux récifs
Hésitaient, regardant la sévère coupable.

Et ceux qui comme moi, te savent incapable
De tout ce qui n'est pas héroïsme et vertu
Qui savent que si l'on te disait : « D'où viens-tu ? »
Tu répondrais : « Je viens de la nuit où l'on souffre ;
Oui, je sors du devoir dont vous faites un gouffre !
Ceux qui savent tes vers mystérieux et doux,
Tes jours, tes nuits, tes soins, tes pleurs donnés à tous,
Ton oubli de toi-même à secourir les autres
Ta parole semblable aux flammes des apôtres ;
Ceux qui savent le toit sans feu, sans air, sans pain
Le lit de sangle avec la table de sapin
Ta bonté, ta fierté de femme populaire.
L'âpre attendrissement qui dort sous ta colère
Ton long regard de haine à tous les inhumains
Et les pieds des enfants réchauffés dans tes mains ;
Ceux-là, femme, devant ta majesté farouche
Méditaient ; et malgré l'amer pli de ta bouche
Malgré le maudisseur qui, s'acharnant sur toi
Te jetait tous les cris indignés de la loi
Malgré ta voix fatale et haute qui t'accuse
Voyaient resplendir l'ange à travers la méduse.

Tu fus haute, et semblas étrange en ces débats ;
Car, chétifs comme sont les vivants d'ici-bas,
Rien ne les trouble plus que deux âmes mêlées
Que le divin chaos des choses étoilées
Aperçu tout au fond d'un grand cœur inclément
Et qu'un rayonnement vu dans un flamboiement.

Victor Hugo.

Décembre 1871.

Les juges n'osèrent pas l'envoyer à la mort ;
à l'unanimité elle fut condamnée à la déportation dans une enceinte fortifiée.

Dans l'immense désespoir de la défaite, la révolutionaire vaincue n'avait plus qu'une seule
aspiration : reposer près de Ferré, son compagnon d'armes. Cette consolation suprême ne lui
fût pas alors accordée et au lieu du sommeil
éternel qu'elle eût obtenu au poteau de Satory,
c'est une longue vie de martyr que le Conseil de
guerre prépara pour elle.

Quelques jours après la sentence, Louise Michel est extraite de sa prison de Versailles et emmenée en voiture cellulaire à la prison centrale
d'Auberive, dans 'la Marne, en attendant son
départ pour la Nouvelle-Calédonie.

On est en hiver, la neige tombe en abondance
et pendant tout le voyage les prisonnières mal
vêtues, immobiles dans la voiture et n'ayant
qu'un pain de munition pour toute nourriture
ont souffert terriblement du froid.

Louise nous a laissé dans ses « Souvenirs » le
récit de l'accueil qui leur fut réservé à la prison d'Auberive (1).

> Enfin nous atteignîmes la prison.
> Une grande porte s'ouvrit en grinçant et nous fûmes intro-
duites dans une salle au milieu de laquelle trônait un poêle
majestue x qui répandait une douce chaleur.
> C'était la première fois que nous voyions du feu depuis
notre incarcération.
> Nous nous étions approchées pour nous chauffer, un gardien

(1) *Souvenirs et aventures de ma vie.*

nous repoussa violemment en hurlant : « Voulez-vous bien me ficher le camp tas de drôlesses ». Force nous fut de nous éloigner.

Après la défaite de la Commune, presque toute la presse à la solde des vainqueurs calomnia bassement les vaincus. On s'acharna particulièrement sur les femmes; la légende des « pétroleuses » allumant les incendies s'accrédita et l'opinion publique trompée, excitée par les journalistes à la haine des insurgés ne vit dans « le communard » héroïque et idéaliste, qu'un monstre humain digne de tous les châtiments et de tous les mépris. C'est dans cette atmosphère de haine que l'âme à l'agonie, Louise Michel vécut à Auberive. Dans cette cruelle prison elle souffrit de la faim et du froid, mais plus encore de voir autour d'elle la douleur des autres, les geôliers, brutes stupides, s'ingéniant à torturer les malheureuses prisonnières et la généreuse femme la rage dans le cœur,, éprouve le supplice horrible de sentir son impuissance devant toutes les infâmies qu'elle voit commettre autour d'elle. Le ricanement, les plaisanteries ignobles des gardiens sur la souffrance de leurs victimes, Louise doit supporter tout cela! et aucune lueur d'espoir dans cet enfer! Par la fenêtre ouverte, la prisonnière entend le tambour du village crier les proclamations de Thiers, de Mac-Mahon; il lui semble entendre le glas de son beau rêve d'égalité et de fraternité humaine et son sort lui paraît encore plus horrible.

Je crois que je serais morte, dit-elle plus tard, si on m'avait reconduite dans cette affreuse prison où j'ai tant souffert

Les vers écrits alors portent le deuil de son âme.

Hiver et Nuit

Centrale d'Auberive, 28 novembre 1872.

Soufflez, ô vents d'hiver! tombe toujours ô neige!
On est plus près des morts sous tes voiles glacés
Que la nuit soit sans fin et que le jour s'abrège
On compte par hivers chez les froids trépassés.

> J'aime sous les sombres nuées
> Vos hautes branches, sapins verts
> Vos branches des vents secouées
> Et qui gémissent dans les airs
> Ceux qui sont descendus dans l'ombre
> Vers nous ne reviendront jamais
> D'hier ou bien de jours sans nombre
> Ils dorment dans la grande paix
>
> Quand donc, comme on roule un suaire
> Aux morts pour les mettre au tombeau
> Sur nous tous verra-t-on notre ère
> Se replier comme un manteau?
> Pareil au grain qui devient gerbe
> Sur le sol arrosé de sang
> L'avenir grandira superbe
> Sous le rouge soleil levant

Soufflez, ô vents d'hiver! tombe toujours ô neige!
On est plus près des morts sous tes linceuls glacés
Que la nuit soit sans fin et que le jour s'abrège
On compte par hivers chez les froids trépassés.

Le 24 août 1873, Louise Michel quitta avec un groupe d'autres communardes la prison d'Auberive pour le bagne. Une voiture cellulaire dans laquelle couchaient les prisonnières les conduisit d'abord à Paris.

En passant à Langres, les captives qui ont souffert tant de traitements indignes sont saluées par les cris de : « Vive la Commune! » Et Louise se sent tout émue par la douceur de ce réconfort.. « Quelque chose comme une promesse de rester digne de ce salut me traversa le cœur », nous dit-elle noblement dans ses *Mémoires*. En traversant Paris, Louise songe à sa mère qui ira habiter chez une parente et elle se sent plus calme en pensant que le sort de l'être qui lui est au monde le plus cher est assuré. De Paris, les prisonnières font le voyage jusqu'à la Rochelle en chemin de fer et là, un petit vapeur *la Comète*, vient les prendre pour les emmener à Rochefort, où elles doivent s'embarquer à bord de *la Virginie*. Et Louise a encore la joie de voir des bateaux amis suivre *la Comète* et saluer une dernière fois les exilées.

Sur la vieille frégate à voiles, les prisonniers sont enfermés dans des cages placées dans les batteries basses. Il est défendu de se parler de cage à cage, mais les captifs communiquent tout de même entre eux.

En face d'elle, Louise Michel a Henri Rochefort avec qui elle échange des vers ; le brillant polémiste souffre constamment du mal de mer et comme à Satory, l'altruiste se reproche les sensations d'art que ses compagnons malades ne peuvent pas partager.

Par les sabords, et surtout pendant l'heure de promenade sur le pont, l'artiste qu'est Louise peut contempler l'immensité de la mer et du ciel; ce spectacle nouveau pour elle, ce voyage au long cours qu'elle avait autrefois rêvé, tout cela l'enchante.

Il y avait des jours où la mer étant forte, le vent soufflant en tempête, le sillage du navire faisait comme deux rivières de diamants se rejoignant en un seul courant qui scintillait au soleil un peu loin encore »...

La haute mer du Cap fut pour moi un ravissement.

Je n'avais jamais vu avant la Commune que Chaumont et Paris, et les environs de Paris avec les compagnies de marche, puis quelques villes de France entrevues des prisons, et j'étais, maintenant moi qui toute ma vie avais rêvé les voyages en plein océan, entre le ciel et l'eau, comme entre deux déserts, où l'on n'entendait que les vagues et le vent.

Grâce au tempérament de fer que possède Louise Michel, ces jouissances artistiques ne sont pas gâtées par la souffrance physique. Non seulement le mal de mer n'a aucune prise sur elle, mais les chaleurs tropicales et les froids polaires trouvent une résistance extraordinaire dans son organisme. Malgré la nourriture débilitante du bord et les changements de climats de la traversée, la robuste fille reste en excellente santé, presque seule au milieu des déportées. Le sombre désespoir qui après la chute de la Commune avait envahi son âme ne se retrouve plus alors dans ses vers. Moralement Louise souffre moins sur *la Virginie* qu'à la prison d'Auberive; là, les prisonniers sont traités plus en vaincus qu'en malfaiteurs et sauf le supplice des albatros aux environs du Cap qui lui est resté douloureusement fixé dans la mémoire, Louise n'a pas à subir le spectacle de ces scènes cruelles qui à la prison lui déchiraient le cœur. Aussi Henri Rochefort nous la dépeint, plaisantant gaiement en déballant le trousseau que l'administration pénitentiaire donne à chaque déporté. « Regardez donc, lui dit-elle, la jolie corbeille de noces que vient de m'envoyer Mac-Mahon ». Et quelque temps après, ajoute le célèbre polémiste, tout le contenu de la corbeille était distribué aux autres prisonnières. Louise renouvelait la légende de saint Martin constamment. Un jour la voyant grelotter pieds nus dans des espadrilles de toile par un froid terrible, Rochefort réussit à lui faire accepter des chaussons de Strasbourg. « Pendant deux jours, dit-il, j'eus le plaisir de les voir à ses pieds, le troisième ils étaient aux pieds d'une autre. »

Après quatre mois de traversée, *la Virginie* arriva près des côtes de la Nouvelle-Calédonie. Et cette terre « géhenne des réprouvés », apparut aux yeux des déportés; là Louise qui avait déjà beaucoup souffert devait encore connaître d'autres souffrances, mais c'est volontairement que, jeune fille, elle avait choisi cette vie douloureuse.

Jeune fille, veux-tu t'asseoir calme et paisible
Et comme les oiseaux te bâtir un doux nid?
Écoute! Il en est temps, fuis le sentier pénible
Où ton destin sera malheureux et maudit

C'est pour le Bien et le Beau que Louise Michel a suivi le sentier pénible et c'est au Bagne qu'elle est arrivée.

C'est pour le Bien et le Beau que Louise Michel a suivi le sentier pénible et c'est au Bagne qu'elle est arrivée.

CHAPITRE IV

En Nouvelle-Calédonie

Au milieu de l'Océan Pacifique, entre le 20°5' et le 22°24' de latitude sud, à 600 lieues de l'Australie, la Nouvelle Calédonie, île longue, étroite, deux fois plus grande que la Corse, dresse du Nord-Ouest au Sud-Ouest sa masse de montagnes volcaniques qu'entoure une ceinture de récifs madréporiques.

A la Nouvelle Calédonie, appelée généralement Grande terre, sont rattachées l'île des Pins au Sud-Est et l'île Nou en face de Nouméa la capitale.

Le climat, malgré la situation en latitude n'est pas trop chaud, la température moyenne est d'environ 20° et rarement s'élève au-dessus de 30°; il n'y a pas d'hiver et l'humidité abondante apportée par les moussons permet à une végétation luxuriante de croître.

Découverte par Cook au xviiie siècle, cette île tomba en 1853 sous la domination de la France qui, en 1863, en fit une colonie pénitentiaire

« ce coin du paradis terrestre devint un bagne » et c'est vers ce bagne que furent dirigés les vaincus de la Commune.

Les déportés politiques furent divisés en trois catégories ; les condamnés aux travaux publics, comme Da Costa, Lisbonne, Allemane, devaient à l'île Nou partager la vie des forçats de droit commun; les condamnés à la déportation dans une enceinte fortifiée furent dirigés vers la presqu'île Ducos, et les condamnés à la déportation simple vers l'île des Pins.

Lorsque *la Virginie* arriva à Nouméa, le gardien chef du bagne, un certain M. Tournemine, gros homme, vêtu de l'uniforme colonial, vint prendre possession du convoi des déportés. Apercevant les femmes, il proposa tout de suite de les envoyer sur la côte ouest, à Bourail, dans une colonie pénitentiaire dirigée par les religieuses de Saint-Joseph de Cluny, où les pensionnaires des Prisons Centrales de France étaient venues sur leur demande pour épouser des forçats libérés ou des colons. On donnait à cette maison le surnom pittoresque de paddock (paddock désignant l'enclos où l'on enferme les bœufs et les vaches).

« On ne peut diriger ces déportés vers la presqu'île Ducos ou l'île des Pins, dit M. Tournemine... il faut les envoyer à Bourail... elles y seront mieux... elles trouveront même là certains avantages... et quelques distractions.. », insinua-t-il cyniquement gouailleur (1).

(1) *Souvenirs et aventures de ma vie.*

Louise Michel indignée s'éleva avec énergie contre cette proposition.

Pourquoi nous faire un sort à part, s'écria-t-elle. Puisqu'on nous a condamnées comme des hommes n'est-il pas juste que nous subissions la même peine qu'eux? Nous ne sommes pas venues ici en villégiature, je suppose... donc quant à moi, je proteste d'avance contre tout passe-droit.

Bon!... dit le gros homme à l'uniforme colonial. Je n'ai pas de chance ; c'est bien fait pour moi, chaque fois que je veux montrer quelque indulgence, voilà ce qui se produit...

Ah! on avait bien raison de me dire que toutes ces pétroleuses étaient de fortes têtes... mais on vous dressera mes gaillardes, et je vous préviens qu'à partir d'aujourd'hui, vous n'aurez plus à compter sur moi... Ah! vous ne voulez pas de passé-droits... C'est bien ; je m'en souviendrai. Et M. Tournemine très rouge s'en alla en roulant des épaules.

Les gardes chiourmes qui avaient entendu les paroles de leur grand chef changèrent aussitôt d'attitude. On nous fit aligner comme des soldats, les femmes d'un côté les hommes de l'autre...

Le soleil tombait sur nous à pic et ses rayons nous brûlaient comme du feu... »

Pendant deux heures, les prisonniers attendirent ainsi, menacés d'insolation. Un gardien furieux contre Louise Michel à cause de son air méprisant, allait lui faire mettre les fers aux pieds, lorsque l'ordre arriva de diriger les condamnés, hommes et femmes, vers la presqu'île Ducos. Le chef calma son subordonné, Louise suivit Rochefort et Mme Lemel, dans la chaloupe de *la Virginie*, bien décidée à se jeter à la mer si on la séparait de ses compagnons. Les déportés arrivèrent enfin à la presqu'île Ducos,

(1) *Souvenirs et aventures de ma vie*

où tous leurs camarades d'infortune massés sur le rivage les attendaient.

Louise retrouva là le père Malezieux qui avait combattu avec elle au 22 janvier et quantité d'amis des compagnies de marche et des groupes de vigilance.

Après les premières démonstrations d'amitié, les nouveaux venus commencèrent à examiner le séjour que leurs vainqueurs leur avaient assigné. « C'est ici que nous devons habiter? » « Oui, mais les habitations n'y sont guère confortables, ma pauvre Louise », répondit Olivier Pain.

Une hutte de paille et la vie primitive des sauvages de l'âge de pierre attendait, sur cette terre aride et désolée, ces parisiens idéalistes qui avaient rêvé d'instaurer la plus haute civilisation dans « la ville lumière », et de la faire ensuite rayonner sur le monde.

A 6.000 lieues de la France, ces damnés de l'enfer social devaient expier leur rêve de progrès, le cœur douloureusement ulcéré par la nostalgie de ce Paris tant aimé, qu'ils désespéraient de revoir...

Pour beaucoup de déportés, déracinés de leur milieu, le mal du pays s'avivait du spectacle de cette nature calédonienne, tourmentée par les bouleversements géologiques et les cataclysmes atmosphériques. Les blocs déchiquetés des rochers volcaniques, les niaoulis blancs tordus par les cyclones, leur apparaissaient lugubres, affreux; la végétation exotique, pandanus aux feuilles vertes aiguës comme des lames d'épée, palétuviers enchevêtrant leurs branches aux formes multiples, ces arbres inconnus, les collines aux flancs rougeâtres, le grand silence interrompu seulement par le bruit de la mer, tout cela était étrange et sauvage. Et l'ouvrier parisien au milieu de ce paysage tragique revoyait les coins familiers et riants des bords de la Seine, les parties de plaisir des dimanches d'été. Les souvenirs tendres associés à ces sites du pays natal lui revenaient à la mémoire et l'enfer calédonien lui paraissait plus horrible.

A ces souffrances morales, s'ajoutaient d'innombrables souffrances physiques. Lissagaray dans son *Histoire de la Commune*, nous peint la misère des déportés. L'administration pénitentiaire devait fournir des aliments aux condamnés, mais très rarement les sauvages de service apportaient un peu de viande et de pain, le plus souvent du lard, du biscuit, des légumes souvent refusés par la Commission sanitaire du bagne de l'île Nou.

Les vivres étaient crus et on n'allouait aux déportés ni combustible, ni beurre, ni huile. Sans instruments de cuisine et très souvent sans moyen d'avoir du feu, la préparation des aliments était un problème journalier. Beaucoup avaient été forcés de faire la cuisine à la mode canaque, dans un trou creusé dans la terre avec des pierres rougies au feu formant une sorte de four.

Comme boisson, les déportés, privés de vin n'avaient que l'eau saumâtre qu'ils conservaient précieusement dans leurs bidons, la presqu'île manquant de sources. Ils n'avaient pas de savon, pas de tabac, étaient dépourvus des objets les plus nécessaires.

L'administration pénitentiaire devait leur fournir les vêtements indispensables, mais aucune prescription réglementaire ne fut suivie; les pantalons et les chaussures s'usèrent vite et la grande majorité des déportés, sans argent, allaient dépenaillés, pieds nus, têtes nues sous le soleil ardent.

A cette détresse matérielle s'ajoutait le dur esclavage; les condamnés politiques étaient sous la surveillance des gardiens du bagne, obligés de répondre aux appels; et les gardes chiourmes, brutes violentes, habitués à la servilité des forçats, détestaient d'instinct ces hommes fiers en qui ils sentaient une supériorité.

Pour les moindres infractions aux règlements, les déportés étaient condamnés sans pitié à la prison, aux fers; sous le gouvernement de M. D'Aleyron, un déporté mourut sous le fouet pour n'avoir pas voulu balayer un hangar; et contre les abus de pouvoir, aucun recours; les condamnés devaient supporter les propos blessants, les provocations, les insultes de leurs gardiens souvent ivres et vivre sous la menace du

revolver. S'évader de cet enfer était naturellement le rêve de tous les déportés, des prodiges
d'ingéniosité, de patience, d'obstination furent
réalisés pour pouvoir gagner l'Australie, mais
le succès était difficile, presque impossible; la
côte était gardée par de grands bateaux à vapeur, et si quelques évasions comme celle de
Rochefort réussirent, la plupart des condamnés
qui essayèrent de s'enfuir furent repris ou pé-
rirent en mer. Les tentatives avortées découra-
gèrent les plus entreprenants parmi les prisonniers. Pour beaucoup, aucun espoir de sortir
vivants du bagne ne venant luire; lentement, la
nostalgie fit son œuvre, la plupart de ces communards si braves sous le feu de l'ennemi
étaient des natures tendres et sentimentales; la
privation des affections de la famille devenait
pour eux la pire souffrance. Certains n'y résis-
tèrent pas. On les voyait se promener tristes au
bord de la mer, plongés dans des rêveries sans
fin, puis ils maigrissaient de jour en jour et
le sombre désespoir les tuait. Ce fut le cas de
Verdure, ancien membre de la Commune, qui
attendait depuis plusieurs mois à la presqu'île
Ducos des nouvelles de sa famille, sanglotait
longuement dans sa case en pensant aux siens,
et qui mourut quelques heures avant l'arrivée
du courrier lui apportant un paquet de lettres
égarées. A l'île des Pins, Grandier espérant toujours la venue de sa sœur, croyait la voir dans
chaque bateau qui s'approchait des côtes; il eut

des hallucinations, devint fou et finit par périr
d'inanition dans la brousse. Meuriot se suicida
à la presqu'île Ducos. D'autres victimes de
l'exil, que leurs camarades, une fleur de coton-
nier rouge à la boutonnière, accompagnaient
vers leur dernière demeure remplirent peu à peu
le cimetière des déportés.

La plus grande partie de l'élite du prolétariat
parisien qui avait échappé à l'hécatombe de
1871 resta sur la terre calédonienne.

Louise comme beaucoup de ses camarades
rêva d'évasion; elle aussi avait laissé en France
deux personnes tendrement aimées, sa mère et
son amie Marie Ferré ; il y avait un courrier
tous les mois, elle-même nous raconte avec
quelle joie elle recevait ces lettres si avidement attendues.

On montait à la hâte la petite butte au-dessus de laquelle
était la maison du vaguemestre près de la prison, et comme un
trésor on emportait ses lettres. Hélas ! quand elles avaient
été au départ en retard d'un jour ou même d'une heure, il
fallait attendre au mois suivant !

Louise aussi tendre que la plupart de ses camarades, dévorés par la nostalgie résista au terrible mal. Comme ces plantes vigoureuses qui
transplantées dans un sol et sous un climat nouveau y poussent alors que d'autres s'étiolent et
meurent, cette nature forte s'adapta parfaitement au milieu calédonien. Sa robuste santé
physique supporta les privations du bagne, com-

(1) *Souvenirs et aventures de ma vie.*

me celles de la prison, sans en être altérée, mais la résistance fut surtout intellectuelle et morale, Louise trouva en elle assez de ressources, non seulement pour vivre dans ce désert sauvage mais arriver à l'aimer jusqu'à le quitter en pleurant au moment de l'amnistie et songer plus tard à revenir y fonder une école pour les sauvages.

La culture supérieure et encyclopédique qu'elle avait acquise sous l'Empire, son culte de la science et surtout son ardente curiosité de l'inconnu, lui firent considérer cette terre nouvelle où ses amis mouraient d'ennui, comme un immense champ d'études d'un intérêt infini.

O mer ! devant toi l'esprit s'apaise, *souffrir même n'est plus rien, savoir est tout.*

Mais saurons-nous jamais? La science est une torche entre les mains des éclaireurs ; à mesure qu'on la porte en avant, l'ombre se fait en arrière.

Au fond de quel gouffre aller chercher la vérité?

Est-il une utopie qui ne devienne à son heure réalité? Est-il une science qui ne doive se transformer? Qu'importe cherchons toujours, l'horizon s'éclaircit. »

Et Louise avec passion étudie le milieu nouveau qui s'offre à ses investigations. Ses connaissances en botanique et en histoire naturelle lui permettent d'examiner d'une façon rationnelle et scientifique la flore et la faune calédoniennes. Dans la forêt de l'Ouest elle distingue avec précision d'après la forme de leurs feuilles, de leurs fleurs, de leurs fruits, les différentes

(1) Légendes et chants de gestes canaques.

sortes des lianes qui donnent à la forêt son aspect inextricable : la liane à pomme d'or qui fleurit comme l'oranger, la liane fuchsia qui couvre les arbres d'une neige de bouquets blancs, la liane à feuilles de trèfles dont la fleur ressemble au corail, la liane à feuilles de ciguë aux vrilles vert tendre s'accrochant partout, la liane aux baies formant des milliers de pendants d'oreilles rouges, la liane à feuilles de vigne fragiles transparentes, aux graines guillochées et les lianes qui flottent dans les airs, sur la forêt, pareilles au houblon et aux clématites à fleurs d'or.

Puis ce sont les différentes sortes d'arbustes, les arbres étranges comme le figuier banian, le dragonnier à la sève sanglante qu'elle nous décrit dans ses œuvres.

En naturaliste, elle étudie aussi la faune calédonienne; elle observe curieusement les mœurs des araignées. Dans la forêt Ouest, elle a regardé longuement l'araignée à soie tissant son câble énorme, l'araignée monstre, qui exploite le travail et la vie de toutes petites araignées qui vivent dans sa toile et la raccommodent, l'araignée velue comme un ours qui surprend le mâle et le dévore aussitôt qu'il ne lui plaît plus à la place même où elle l'a attaché dans sa toile. Elle a suivi la lutte des animaux entre eux, pour la proie, le scorpion fascinant les insectes, la mouche bleue qui emmène le cancrelat dans son repaire, le pique avant de lui crever les yeux.

Les êtres les plus imperceptibles n'échappent

pas à son investigation; elle a observé que chaque plante, chaque arbre a son insecte de la couleur de son bois, quand il est chenille, de la couleur de ses fleurs quand il est ailé, elle a remarqué que la chenille du Niaouli est un ver qu'on peut confondre avec la branche qu'il ronge et qui se transforme ensuite en une sorte de demoiselle dont les ailes et le corps imitent le bois et les feuilles de l'arbre. Les punaises des arbres à peine perceptibles ont excité son admiration par leurs couleurs brillantes rappelant le rubis, l'émeraude, par les dessins finement ciselés de leur carapace. Tout l'intéresse dans ce milieu inconnu et à chaque instant, ce sont des points d'interrogation, des problèmes qu'elle se pose à elle-même en observant la nature. Esprit véritablement scientifique, Louise Michel n'affirme rien dont elle ne soit sûre et qu'elle ait par elle-même contrôlé. La troisième année de son séjour en Nouvelle-Calédonie elle a vu des papillons blancs, elle se demande si ces insectes sont triannuels ? (l'esprit tout imprégné de la doctrine de l'évolution) si c'est une nouvelle variété créée par une nouvelle nourriture apportée aux insectes par les plantes d'Europe semées dans la presqu'île ?

Dans ce milieu si intéressant l'expérimentation la tente; l'imagination créatrice de la petite fille de Vroncourt est maintenant tournée vers la science. Louise Michel qui, sous l'Empire s'est tenue au courant du mouvement scientifique de son époque, devance les travaux de Pasteur et songe la première à appliquer la vaccine aux plantes. Une année tous les papayers de la presqu'île périssaient de la jaunisse. Elle eut l'idée d'injecter de la sève des arbres malades aux arbres sains. Grâce à la bienveillance d'un gouverneur intelligent, M. de la Richerie, elle put établir une sorte de serre dans un bâtiment inoccupé et sauva ainsi quatre papayers, au grand scandale des gardiens étonnés de l'audace de la déportée, qui avait osé toucher sans permission à un bâtiment de l'Etat, et cela impunément.

Devant les ressources innombrables que présente la colonie, son imagination est sans cesse occupée de l'utilisation pratique de toutes ces richesses.

Elle a remarqué que les baies de certains fruits ont un jus ayant un goût de madère très fort; réconfortée elle-même par ce jus, elle songe à l'employer comme tonique, elle demande pendant très longtemps des œufs de vers à soie pour essayer de les adapter au ricin, puis découvre ensuite des ricins couverts de vers au corps nu, aux allures qui lui paraissent celles du bombyx ; toujours fidèle à la méthode scientifique, elle sent le besoin de contrôler elle-même sa découverte.

Me suis-je trompée? Le ver à soie de ricin existe-t-il à l'état sauvage en Nouvelle-Calédonie? C'est ce que je vérifierai peut-être plus tard. »

(1) *Mémoires*.

Malheureusement ces vérifications sont souvent entravées. Louise est prisonnière, elle n'a pas le pouvoir d'employer au bien de tous les ressources de son esprit, ses expériences ne sont même pas favorisées par ses camarades qui ne les comprennent pas. « Etes-vous docteur pour vous occuper de ces choses-là ? » lui disent-ils ironiquement. « Si la vaccine pouvait s'appliquer à toutes les maladies, la Faculté l'aurait déjà fait » et l'intellectuelle est navrée de rencontrer chez ces hommes qui souffrent avec elle pour la cause du progrès humain, le vieil esprit dogmatique du passé. Sa culture supérieure l'isole au milieu de ces simples qui n'ont jamais connu le doute scientifique, de ces croyants qui ont seulement substitué l'autorité du parchemin universitaire à l'autorité de l'Eglise.

Seule aussi parmi les déportés, elle jouit de la nature calédonienne en poète et en artiste ; elle aime ce paysage douloureux comme son âme, ces montagnes arides, ces rochers volcaniques aux formes monstrueuses, ces niaoulis dont les « branches éplorées se levant comme des bras de géants lui semblent « pleurer l'asservissement de la terre natale ».

Une sorte d'harmonie secrète l'attache à ce paysage d'exil où elle retrouve la désolation de sa propre vie. Louise a d'ailleurs toujours aimé les spectacles terribles et grandioses de la nature en furie. Jeune fille elle avait dans un opéra, le « Rêve des Sabbats », essayé de repré-

senter en notes sauvages, le fracas de la tempête
et le grand cataclysme final où s'émiette le globe. Ecoutons-là maintenant nous parler des
cyclones.

Et les cyclones? Quand on les a vus on est blasé sur les
terribles splendeurs de la fureur des éléments.

C'est le vent, les flots, la mer qui, ces jours-là, chantent les
bardits de la tempête! Il semble, par moments, qu'on aille
avec eux hurlant dans le chœur terrible. On se sent porté sur
les ailes qui battent dans le noir du ciel sur le noir des flots.

Parfois un éclair immense et rouge déchire l'ombre ou fait
voir une seule lueur de pourpre sur laquelle flotte comme un
crêpe le noir des flots.

Le tonnerre, les rauquements de la mer, le canon d'alarme
dans la rade, le bruit de l'eau versée par torrents, les énormes
souffles du vent, tout cela n'est plus qu'un seul bruit, immense,
superbe : l'orchestre de la nature sauvage.

La nuit est profonde mais les éclairs presque continuels;
l'œil, l'oreille sont charmés.

L'artiste vibrant avec l'ouragan calédonien, à
d'autres moments tombe dans une sorte de
ravissement contemplatif devant le spectacle de
l'invasion des sauterelles.

Rien de beau comme la neige grise et tournoyante des
sauterelles, tout le ciel est pris par cette teinte uniforme, on
voit à travers le soleil tamisé par les flocons d'insectes comme
à travers un crible, et les flocons gris, tombent, tombent
toujours dans des clairs obscurs étrangement noyés » (1).

Poète, Louise Michel nous a rendus dans les
vers des Océaniennes ses enchantements d'artiste. Rien ne peut mieux nous donner la vision

(1) *Mémoires.*
(2) *Mémoires.*

de ces paysages lointains où brusquement sans
crépuscule la nuit succède au jour, où la grande paix sauvage de la nature se revêt tour à tour
des splendeurs du soleil couchant ou des blanches clartés de la lune, que les beaux vers suivants :

Paysage calédonien

Il est un noir rocher, près des flots monotones
Où plane incessamment l'aile des grands cyclones.
        Bloc tombé d'un sommet croûlant.
Au bout de l'horizon c'est l'onde toujours l'onde ;
Sous le soleil couchant toute la mer est blonde
        Les flots murmurent doucement,

Et les récifs profonds, les vagues et les nues
Les mornes tout couverts de lueurs inconnues
        Sont dans des éblouissements.
Là, dans le vaste oubli, le farouche silence
De ce monde enfoui, continent en croissance
        On écoute les éléments.

Quelques monstres restés des races formidables
Dans le creuset des mers, les rochers et les sables
        L'onde frappant les hauts récifs
L'île Nou, tout aride où parfois du rivage
Vient un bœuf égaré mêler sa voix sauvage
        Aux grands flots rauques ou plaintifs
Tel est cet horizon qui chaque jour se pare
Somptueux vêtement sur la nature avare
        Des splendeurs du soleil couchant
Tout resplendit les flots, la forêt solitaire,
Les brousses de la baie ; on dirait que la terre
        Redevient un soleil ardent.

Et puis tout disparaît, les mornes frangés d'ombre
S'estompent doucement, et l'Ile Nou plus sombre
        Baigne son ombre dans les flots ;
Et le grand clair de lune au front des rocs superbes
Met de blanches lueurs, illumine les herbes
        Et peint des astres dans les eaux.

Après avoir longuement contemplé en artiste ce paysage calédonien, Louise dans le grand silence sauvage de la nature évoque l'histoire des bouleversements géologiques du passé et son imagination puissante éclairée par la science, ressuscite dans le calme horizon les formidables révolutions dont les blocs volcaniques aux formes tourmentées portent la trace.

> Voici la terre à son aurore
> Ainsi qu'un soleil flamboyant,
> Sur le cratère ardent encore
> Le premier archipel flottant,
> Qui sous la noirâtre buée
> Entre la flamme et la nuée
> Émerge pour l'effondrement.
>
> Comme au four du potier, l'argile,
> Les monstres au granit pareils ;
> Les rochers, le sable fragile
> Fondent, redevenant vermeils ;
> Les océans, coupes trop pleines
> Se versent, recouvrant les plaines
> Tous les cratères sont soleils.
>
> Enfin la plante couvre la terre
> Et les grands monts sont soulevés
> Jetant sur le fauve repaire
> Leurs abîmes, bouleversés
> Tout se dévore ! êtres et mondes
> Emplissent de gueules immondes
> Les continents bouleversés.
>
> Enfin les éléments s'apaisent
> Le sol mouvant peut s'affermir
> Dans les tourmentes qui se taisent
> Des races vont croître et mourir
> A peine si, parfois encore
> On voit à quelque rouge aurore
> Les vieux rivages s'engloutir.

(1) *Les Océaniennes*, chanson des flots.

Après le passé, c'est l'avenir qui apparaît radieux. Soutenue par sa foi au progrès Louise rêve aux âges où une science plus haute maîtrisera les forces de la nature jusqu'ici indomptées et où les cyclones mêmes serviront au bonheur humain.

> Un jour pour son œuvre géante,
> L'homme prendra ta force ardente
> Nature dans la grande nuit.
>
> Toute ta puissance, ô nature !
> Et tes fureurs, et ton amour
> Ta force vive et ton murmure
> On te les prendra quelque jour.
>
> Comme un outil pour son ouvrage
> On portera de plage en plage
> Et tes fureurs et ton amour (1).

Et dans ce paradis futur, Louise n'entrera pas. L'austère philosophie déterministe lui interdit tout espoir de bonheur personnel et ne lui offre comme perspective que l'anéantissement de l'individu. Résignée aux lois inéluctables, l'apôtre moderne dans l'enfer calédonien se consolera en rêvant à cette humanité supérieure dont sa souffrance aura préparé la venue. Sous les niaoulis, au bruit des flots, la vaincue de la Commune évoque ces générations de l'avenir auprès desquelles celles de son temps apparaîtront sauvages et primitives. Et toute pénétrée du grand amour de l'humanité et du suprême mépris d'elle-même la révolutionnaire

(1) *Les Océaniennes*. Sous les Niaoulis.

se sentira prête à s'immoler de nouveau pour la cause du progrès humain.

> Sous les niaoulis, les arbres des tribus
> Nous écoutons les flots aux murmures confus
>
> Il faut que l'aurore se lève ;
> Chaque nuit recèle un matin
> Pour qui la veille n'est qu'un rêve
> L'herbe folle deviendra grain,
> Les flots roulent, le temps s'écoule
> Le désert deviendra cité
> Sur les mornes que bat la houle
> S'agitera l'humanité.
>
> Nous apparaîtrons à ces âges
> Comme nous voyons maintenant
> Devant nous les tribus sauvages
> Dont les rondes vont tournoyant
> Et de ces races primitives
> Se mêlant au vieux sang humain
> Sortiront des forces actives
> L'homme montant comme le grain
>
> Sous les niaoulis gémissent les cyclones
> Sonnez ô vent des mers vos trompes monotones (1).

Les indigènes de la Nouvelle Calédonie étaient des sauvages appelés Canaques. Moins noirs de peau que les nègres du Sénégal, certains types rappelaient tantôt la race polynésienne, tantôt la race mélanésienne. Groupés en tribus à l'intérieur de l'île, ils menaient une vi toute primitive, complètement nus dans les huttes de paille de leurs villages; ils se nourrissaient de poisson, d'ignames et de taros; leurs femmes les popi-

(1) *Les Océaniennes*. Sous les niaoulis.

nées, simplement vêtus du tapa, sorte de jupon très court en matière végétale, les servaien comme des esclaves. La plupart des tribus étaient anthropophages. Très souvent les colons, dans la brousse retrouvaient tantôt un fémur ou un tibia humains ; c'étaient les restes d'un festin de chair humaine dont s'étaient régalés les sauvages. Les blancs faisaient souvent les frais des réjouissances gastronomiques et bien des individus dont on avait perdu les traces avaient disparu dans la keullé (marmite) d'une tribu ou le plus souvent, cuits à l'étouffée entre des pierres rougies au feu, ils avaient été servis avec les ignames sur des feuilles de flamboyants, pour être mangés à la mode canaque.

Les sauvages étaient donc très redoutés en Nouvelle Calédonie et il y avait peu d'Européens assez hardis pour oser s'aventurer au milieu des tribus.

Quelques Canaques cependant s'étaient civilisés et vêtus d'un caleçon servaient les « blancs » à Nouméa, Kanala et autres centres, en qualité soit de domestiques ou d'agents de police.

Au service de l'administration pénitentiaire, un certain nombre étaient employés à porter les vivres aux déportés de la presqu'île Ducos. C'est parmi ces porteurs que Louise Michel rencontra Daoumi, sauvage très intelligent, passionné « pour savoir ce que savent les blancs »; des

(1) Arbres aux fleurs pourpres.

liens d'amitié se nouèrent tout de suite entre l'ancienne institutrice et l'élève remarquable que devint Daoumi. Le canaque fut initié à la culture européenne et Louise à son tour commença à apprendre le dialecte néo-calédonien parlé sur les côtes, le « bichelamar » langage des pêcheurs de l'holoturie (biche de mer).

En Nouvelle Calédonie, chaque tribu avait sa langue particulière et Louise Michel se proposait d'étudier plus tard, si les circonstances le lui permettaient, les différents dialectes de l'île. Une curiosité ardente, mêlée de sympathie, attirait irrésistiblement vers ces êtres primitifs représentant l'enfance de l'humanité, la philosophe qui mystiquement s'était sacrifiée à son rêve d'une humanité supérieure.

A la presqu'île Ducos, il était difficile d'arriver jusqu'aux tribus qui vivaient dans l'intérieur de l'île car les déportés ne devaient pas franchir les limites marquées par des poteaux qui leur étaient assignées. Louise Michel réussit néanmoins à prendre contact avec les cannibales; ayant aperçu un jour un campement de canaques, elle résolut bravement d'aller le visiter pendant la nuit. Ecoutons-la, elle-même va nous narrer son étonnante aventure.

(1) Quelle imprudence Louise ! me dit un déporté. — Mais vous ne savez donc pas que ces Canaques sont capables de vous tuer... ils ont déjà assassiné de nombreux blancs...

(1) *Souvenirs et Aventures de ma vie — La Vie populaire.*

Bah ! répondis-je... nous verrons bien...

Et je m'acheminai vers un monticule derrière lequel se trouvait un campement de canaques.... Il faisait nuit quand j'arrivai au campement, les sauvages étaient assis sur le sol et la lune les éclairait merveilleusement.... Je m'approchai d'eux. En m'entendant marcher ils dressèrent la tête et poussèrent un cri d'alarme. Les hommes sautèrent sur leurs sagaies, les femmes jetèrent leurs enfants sur leur dos. Quand je ne fus qu'à quelques mètres des canaques, je leur dis : « Gouchenerée (moi sœur amie). Je n'avais sans doute pas bien prononcé, car les sauvages ne parurent pas comprendre. Je répétai ces deux mots canaques et enfin les nègres en saisirent le sens. Mais ils se méfiaient... Peut-être supposaient-ils que j'étais une émissaire de leurs ennemis. Un d'entre eux s'approcha de moi et me dit en mauvais français : « Qui es-tu? Que veux-tu? Es-tu envoyée vers nous par les mauvais blancs? » Non, répondis-je. Je suis une amie... Tu t'es sans doute sauvée du bagne et tu espères que nous allons te cacher? Mais Canaques jamais cacher prisonniers. « Je me ne suis point évadée repris-je. Un grand étonnement se manifesta sur le visage des nègres. Celui qui paraissait être le chef me prit par le bras et me dit : — Si tu n'es pas une fugitive, tu peux t'asseoir au milieu de nous.... mais si tu nous a trompés ! le canaque n'acheva pas, du geste, il désigna les baraquements du pénitencier dont on apercevait les fenêtres éclairées... Une femme canaque (une popinée) qui tenait dans ses bras deux piquinini (enfants) ordonna à un indigène de me préparer un siège de feuilles de flamboyants, et je m'assis au milieu du groupe. Il y eut un moment de silence... Les canaques se méfiaient encore... ma brusque apparition leur semblait peu naturelle. Enfin le chef me dit : « Tu es en Calédonie depuis longtemps? — Deux mois répondis-je... Toi criminelle sans doute? Tu as versé le sang de ton mari? Tu as peut-être empoisonné tes frères? — Non répondis-je en souriant, je ne suis pas une criminelle !... Le canaque parut stupéfait... Alors demanda-t-il pourquoi les blancs d'Europe t'ont-ils envoyée ici? Il était assez difficile d'expliquer à ces sauvages ma participation à la Commune. J'essayai néanmoins de leur faire comprendre les raisons qui avaient déterminé mes ennemis à m'envoyer au bagne.

— En France dis-je il y a des bons et des méchants. Les méchants sont ceux qui oppriment le peuple, celui qui travaille pour nourrir les riches. J'ai voulu avec de nombreux amis renverser les méchants du pouvoir.— Alors toi bonne, dit le chef canaque — Toi protectrice des malheureux. Le sauvage avait déjà compris. Je lui expliquai alors le plus succinctement possible les différentes phases de la lutte qui avait ensanglanté Paris et il n'eut pas de peine à comprendre le rôle que j'avais joué. — Toi guerrier comme nous dit-il. Toi as combattu pour tes frères mais toi a été vaincue comme malheureux Canaques quand ils ont voulu résister aux blancs, et le chef ajouta... Oui... oui, les méchants toujours plus nombreux que les bons... eux toujours tuer et toujours avoir raison. A partir de ce jour les Canaques firent une distinction entre les forçats de droit commun et les condamnés politiques et l'on va voir que ma visite aux nègres d'Océanie ne fut pas sans résultats. A quelques jours de là, un déporté de la Commune s'enfuit de la presqu'île Ducos et se réfugia dans la brousse. Ordinairement les nègres étaient sans pitié pour les évadés, ils les arrêtaient aussitôt, les ligottaient sur deux piquets et les ramenaient au pénitencier. Mais le bonheur voulut que V. tombât précisément au milieu de la tribu que j'étais allée visiter. Le chef l'interrogea. — Toi assassin demanda-t-il ou toi ami des malheureux? — Le fugitif ne saisit pas tout d'abord. Le canaque s'expliqua et V. finit par comprendre que ses hôtes faisaient une distinction entre les condamnés ordinaires et les déportés politiques. Il fit comme moi, il parla de la Commune, de la lutte soutenue contre les oppresseurs et le chef lui dit — Je devrais te reconduire au Pénitencier, mais toi, pas méchant, toi bon comme ta sœur blanche qui est venue nous voir ici. Je vais te reconduire dans la brousse, et tu y resteras tant que tu voudras... nos femmes te porteront la nourriture. — V. demeura caché dans l'île jusqu'au jour où un voilier l'emmena à Melbourne. Et je crois bien que ce furent les Canaques eux-mêmes qui favorisèrent son évasion.

A la presqu'île Ducos et surtout plus tard à Nouméa, Louise Michel fréquenta assiduement les terribles anthropophages de la Nouvelle Calédonie. Ayant appris certains dialectes des tribus, elle pouvait facilement les comprendre et être comprise d'eux.

Aussi les renseignements qu'elle nous donne sur ces êtres primitifs, ont-ils un puissant intérêt de vérité humaine. Nul d'ailleurs mieux que la Vierge rouge n'était capable de pénétrer l'âme d'un sauvage. Esprit essentiellement critique et scientifique, Louise Michel n'a pas le préjugé de la supériorité de l'homme de la nature sur l'homme civilisé que Rousseau et Bernardin de St-Pierre avaient mis à la mode au XVIII° siècle et dont Chateaubriand s'inspira pour peindre ses Indiens d'Amérique; elle ne partage pas le sentiment de mépris ordinaire du civilisé pour le sauvage qui ne voit dans l'inférieur qu'un être à asservir et à ce sujet elle soutient de violentes discussions avec les communards, ses camarades, qui professaient sur les canaques les mêmes opinions que les administrateurs et les colons.

En vraie révolutionnaire, Louise Michel pense que tous les hommes sont égaux en droits.

Le devoir du supérieur est d'aider l'inférieur à s'élever jusqu'à lui.

Le rôle des peuples européens vis-à-vis des races inférieures doit être de les instruire et de les civiliser au lieu de songer à les exploiter et Louise passant à l'action, ouvre une école dans la brousse de la presqu'île Ducos. Persécutée par les gardiens craignant l'indocilité des nègres moins ignorants, elle réunit ses élèves tantôt dans une grotte, tantôt derrière un rocher; elle emploie les ressources de son esprit créateur à inventer de nouvelles méthodes pédagogiques à leur usage et supporte pour les instruire les semaines de cabanon et les mille vexations que lui inflige l'administration pénitentiaire.

Pénétrée des nouvelles idées égalitaires, la conscience de sa supériorité crée chez elle l'impérieuse obligation de servir ceux qui sont inférieurs. Sur la terre d'exil, l'homme du passé qu'est Chateaubriand s'isole au contraire et souffre de sa supériorité. « Etre en compagnie de manœuvres dont les idées sont confinées autour du bloc qu'ils scient » « être obligé pour vivre d'instruire les enfants stupides de son voisin, » voilà ce qu'il y a de plus dur pour un homme supérieur, et l'émigré vaniteux trouve là d'excellentes raisons pour cultiver en lui cet élégant dégoût de la vie qui aux yeux du monde le distingue du vulgaire.

Dans l'enfer calédonien, sous la menace du revolver du garde-chiourme, l'apôtre qu'est Louise diminue sa souffrance en la méprisant. Habituée à vivre en autrui, à s'oublier elle-même, elle éprouve des joies inconnues à étudier les êtres primitifs qui sont autour d'elle, à employer sa puissante intelligence, ses facultés de poète et d'artiste à les comprendre et à nous les faire connaître ; aussi les sauvages que nous rencontrons dans ses œuvres n'ont-ils rien de commun avec ceux qui n'ont vécu que dans l'imagination de Chateaubriand.

L'auteur des Natchez était incapable de s'inté-

____

(1) *Essai sur les Révolutions*, Châteaubriand.

resser à d'autres hommes, aussi ses Indiens ne
sont-ils que des déguisements sous lesquels l'il-
lustre émigré s'est peint lui-même. Les Canaques de Louise Michel sont au contraire les
premiers vrais sauvages qui aient paru en
littérature. Dans l'histoire de l'évolution humaine où les Sagas, les Edda scandinaves, les
Niebelungeun, le Romancero, l'Iliade, l'Odyssée
marquent les étapes primitives du développement humain, le début manquait; l'épopée de
l'âge de pierre n'avait pas encore réflété les
premiers balbutiements de l'enfance de l'humanité. Avec ses « légendes et chansons de gestes
canaques », Louise Michel a comblé cette lacune.
C'est le type ancestral de l'humanité primitive
qui apparaît sans voiles dans cette Iliade sauvage où l'on se bat à coups de casse-têtes et de
sagaies. L'anthropophage nous explique lui-
même les raisons de son goût pour la chair
humaine.

Un cyclone terrible avait détruit tous les cocotiers de l'île,
la famine régnait, les plus forts mangèrent les plus faibles,
puis il eut ensuite abondance de poissons, de patates et
d'ignames, on oublia l'ouaint rouge, le premier repas de chair
humaine mais à la suite d'une guerre. Techea le mauvais,
victorieux du bon Kerou, auquel il disputait la belle Kamen,
ne jeta pas comme on le faisait d'habitude des branches
vertes sur les cadavres des vaincus, mais il fit des trous
dans la terre et avec des pierres brûlantes au fond il y mit
les plus jeunes et les plus gros dans de grandes feuilles de
bananier.

Le vieux Roué maudit Techea au moment où il allait com-
mencer son repas, mais, rien n'y fit. L'homme avait goûté
à la chair de l'homme, il avait bu du sang, il en voulut toujours
boire.

Et ce fut ensuite dans le monde canaque le règne de la force.

Pendant que Techea vécut, ses guerriers s'accoutumèrent à être les maîtres de la tribu ; et comme il n'y eut plus pendant longtemps que des femmes et des enfants, ils prenaient ce qu'ils voulaient et les nemo (1) (femmes) et les piquinini (enfants) avaient faim tout le jour tandis qu'eux étaient gras. — Pourtant les piquinini disaient « nous défendrons nos patates et on ne viendra plus prendre nos poissons dans nos mains ». Mais le temps passait toujours ; on leur prenait leurs patates et les poissons dans leurs mains et les lunes s'entassaient sans rien changer ».

Le cannibale oppresseur nous attendrit lorsque, opprimé à son tour il nous exprime dans la Chanson des Blancs ses plaintes naïves et son immense tristesse.

Quand les blancs sont venus dans leurs grandes pirogues, nous les avons reçus en tayos (frères) ; ils ont coupé les grands arbres pour attacher les ailes de leurs pirogues, cela ne nous faisait rien.

Ils ont mangé l'igname dans la keulé (marmite) de la tribu nous en étions contents.

Les blancs se sont mis à prendre la bonne terre qui produit sans la remuer, ils ont emmené les jeunes gens et les popinées (femmes) pour les servir, ils ont pris tout ce que nous avions.

Les blancs nous promettaient le ciel et la terre, mais ils n'ont rien donné, rien que la tristesse.

Ils ont pris les échancrures du rivage où nous mettions nos pirogues, ils ont mis leurs villages près des cours d'eau sous les cocotiers où nous mettions les nôtres.

Ils marchent dans nos cultures avec mépris parce que nous n'avons que des bâtons pour retourner la terre, et pourtant ils avaient besoin de ce que nous avons et ils devaient être malheureux chez eux, pour venir d'aussi loin, de l'autre côté de l'eau dans le pays des tribus.

(1) Nemo — rien femmes.

Qui donc vous mène hommes blancs, quels souffles vous poussent?

Est-ce qu'un jour toutes les tribus se mêleront à travers les mers?

La révolutionnaire poète, qui a su nous traduire avec son cœur, en termes si simples et si touchants, la souffrance du pauvre opprimé applaudira en 1878, la grande révolte des Canaques qui à la voix du chef Ataï s'éleva contre les oppresseurs de l'île. Tandis que plusieurs communards se mettaient à la tête des forces gouvernementales pour combattre les révoltés, Louise apprenait à ses amis noirs à couper les fils télégraphiques, et avant d'aller au combat, pour dernier adieu, elle leur donnait ce qu'elle possédait de plus précieux, les restes de son écharpe rouge de la Commune, symbole de la révolte sainte à laquelle elle s'était immolée.

La sympathie que Louise a éprouvée pour les Canaques opprimés lui a permis de sentir et de rendre la poésie toute spéciale de ces populations primitives. Elle a aimé la mélodie des chants canaques, en quarts de tons accompagnés du son des branches de palmier grattées ou des bambous frappés en cadence. Cette musique qui lui rappelle le bruit du vent et des flots lui semble la voix harmonieuse de la nature calédonienne.

Elle a aimé les danses où l'âme canaque se révèle, les danses guerrières, la danse de la pêche, des noces, des récoltes et le grand pilou-

pilou où les hommes dans une course vertigi-
neuse traversent le feu devant la ronde des
popinées. Et dans ses légendes elle nous a merveilleusement traduit les sentiments et les idées
du pauvre primitif.

Voici les perspectives séduisantes que Mohoa,
le fils du grand chef, fait miroiter devant Thei
pour qu'elle consente à devenir sa femme.

> Tu auras chez mon père des nattes d'écorce plus douces que
les étoffes des blancs. Tu seras lourde de graisse comme ma
mère et mes sœurs, jamais elles n'ont faim et elles restent à la
case au lieu de porter des haches et des pierres de frondes.
>
> Les plus beaux fruits, les meilleurs morceaux de la chasse
ou de la pêche sont pour elles. Elles ont des robes comme les
femmes des blancs, et des peignes transparents.
>
> Veux-tu venir dans la tribu, fille du cimetière?

Dans les chansons de geste canaques, comme
dans l'Iliade, se retrouvent les croyances religieuses des tribus, les génies, les esprits. Les
takatas, personnages mystérieux, prêtres, sor-
ciers, médecins, magnétiseurs, servent d'inter-
médiaires entre les simples mortels et les
esprits. Ils ont particulièrement excité la curiosité de Louise Michel qui s'est plue à nous en
peindre plusieurs avec les légendes qui les entouraient.

C'est d'abord Idara qui chante la chanson des
blancs. Dans un joli et gracieux tableau elle
nous est présentée ainsi.

> Idara assise sous les hauts cocotiers gratte une palme qui
fait un doux bruit, elle dit devant les cases la chanson du soir.
Autour d'elle, les jeunes gens mènent lentement, en agitant les

bras comme des ailes, la danse des roussettes (1). Les enfants dorment à terre, les vieillards écoutent.

Idara n'est pas seulement poète, mais son pouvoir, bien qu'elle ne soit qu'une popinée, vient de sa science.

Idara sait panser les blessures avec les feuilles mâchées des lianes cueillies au clair de lune, elle sait endormir avec le chant magique ou la fleur du niaouli infusée dans l'eau du Diahot.

Idara a vu beaucoup d'années, elle est si vieille qu'on ne peut plus les nombrer, les pointes de ses dents sont émoussées mais sa voix est toujours forte, on dirait la poitrine du vent.

Voici la légende d'une autre takata Keidée.

Keidée jeune encore s'en alla de sa tribu et bâtit sa hutte près du pic des morts.

Elle n'avait pas de fiancé et elle en avait tant refusé que nul n'osait plus lui offrir le peigne de bois de rose ; et encore bien moins envoyer à sa famille des popinées chargées de colliers de poils de roussettes pour le père et de bracelets pour la mère. Près de la case de Keidée coule le Ti Ondoué (la rivière des morts) C'est là que la Takata fait ses sacrifices.

Toute petite, Keidée aimait les grands clairs de lune : le génie Ondoué avait soufflé sur elle, et le lézard Apaït qui annonce la mort la suivait, caché dans l'herbe.

Dans son sommeil, elle avait vu de loin venir les hommes blancs, elle savait qu'il y aurait de grandes guerres et que les sagaies seraient brisées par les tonnerres des blancs.

Des jeunes gens voulurent troubler le sommeil de Keidée ; le Jecko (3) à l'œil rouge les regarda, et à partir de cet instant ils ne burent plus, ils ne mangèrent plus, et moururent couchés à l'ombre. Un vieux tout couvert de lèpre fut relégué pour y mourir, au pied de la montagne des morts ; Keidée le couvrit d'herbes qui lui rendirent la jeunesse et la santé.

(1) Grande chauve-souris.
(2) Femme.
(3) Sorte de lézard

Et pendant bien des générations, elle vit devenir blancs ceux qu'elle avait vus naître.

Mais un soir au lever de la lune les Theamas (chefs) venant la consulter trouvèrent Keidée étendue sur sa natte le crâne brisé. Le génie Ondoué l'avait emmenée avec les esprits.

Voici maintenant quelques takatas masculins.

C'est d'abord le barde Andia qui périt près d'Ataï dans un combat contre les blancs, au moment où, nouveau Tyrtée, il essayait d'entraîner par ses chants les Canaques à la victoire.

Andia « était nain et difforme, ses jambes étaient cagneuses, sa tête énorme, il avait le teint plutôt olivâtre que noir et les cheveux lisses ».

Il avait fabriqué une cornemuse avec la peau d'un traître et avait tordu les entrailles d'un chat sauvage pour en faire les cordes d'un luth dont lui seul savait se servir.

Chez les Canaques c'est le takata qui comme le grand prêtre chez les Grecs fait aux esprits les sacrifices nécessaires pour se concilier leur bon vouloir. Aux génies qui gardent la monnaie précieuse, on offre chaque année le présent d'une jeune vierge, que la tribu ne revoit jamais. Ecoutons Louise Michel nous narrer l'histoire touchante de Koupé, l'Iphigénie noire.

Le takata va trouver la jeune Koupé, fille d'Adaley, et il dit à l'enfant « Viens, le soleil se couche ». Koupé a peur, elle sait que c'est le jour où l'on conduit vers le Ti-Ondoué (la rivière des morts) la jeune fille sacrifiée aux esprits qui gardent la monnaie précieuse.

La nuit est noire, le vent souffle, il fait froid, le takata ôte à Koupé sa ceinture de franges et lui donne un jupon de feuilles de bananier qui lui fait peur, c'est sur cette jupe qu'on trouve au bord du Ti-Ondoué la monnaie d'or, quand la jeune fille sacrifiée a disparu.

Elles s'en vont, les sacrifiées, dans la grande plaine ou dans la terre noire, ou sur le pic des morts avec les esprits. Non elles ne verront plus rien car le vent souffle et disperse les esprits.

Koupé regarde son père, elle a des larmes dans les yeux, Adaley détourne la tête et s'en va. Koupé pensa à Nama son fiancé, mais Nama est à la guerre avec le fils du Theama. Le takata répète encore, « mangué mo-amo ! » Viens le soleil se couche ! Alors Koupé voyant sa dernière lune venue, suit le takata, espérant rencontrer Nama sur le chemin ; la guerre est finie, et puis on espère toujours. Il y a loin jusqu'au Ti-Ondoué, nulle autre route ne va de ce côté ; les esprits attendent Koupé, et Nama n'est pas revenu.

L'enfant marche sans oser parler ; le sorcier la chasse devant lui, inquiète comme un pigeon qu'on poursuit.

La lune se lève comme ils sortent de la case, une lune large qui laisse voir la même chose que le jour, avec l'ombre des rives dans la mer, une belle ombre comme des franges. Longtemps ils marchent, enfin la lune se cache, et dans la nuit plus sombre Koupé aperçoit une blancheur, elle croit voir le jour.

Non, c'est l'eau pâle du Ti-Ondoué. A la rivière des morts, nul, le takata lui-même, ne va sans péril ; et toujours lui seul en revient.

Koupé crie, elle résiste comme la bête qu'on veut tuer, mais les esprits l'environnent, le takata la pousse dans le courant. L'eau monte toute noire, les esprits enlacent l'enfant plus forts que les plus solides liens, mais l'esprit de sa mère n'est pas là, la mère la défendrait.

Le vent se lève et couvre les cris de la victime.

Le matin, appelée par le takata, la tribu vient voir la monnaie d'or dont les esprits ont couvert la jupe de feuilles de bananier.

La crédulité du pauvre canaque, ses mœurs, ses coutumes, ses aspirations vers le monde où l'on n'a plus faim, revivent dans les légendes. Comme chez Homère, les sauvages pour exprimer leurs pensées empruntent des comparaisons à la nature et le paysage calédonien se retrouve dans les images de cette poésie primitive. De tous ces récits enfantins se dégage un grand charme poétique fait de vérité et de simplicité. C'est une œuvre d'art tout autant qu'un document humain que Louise Michel a créée dans son exil. Grâce à sa puissante imagination, à son grand amour pour l'opprimé, c'est « l'âme canaque » que l'artiste a saisie à travers le dialecte informe des tribus et merveilleusement, elle a su nous en dégager toute la poésie, poésie originale que nul avant elle n'avait goûtée, car nul avant elle n'avait aussi bien compris le pauvre sauvage et ne l'avait jamais tant aimé.

Instistutrice à Nouméa après cinq ans passés à la presqu'île Ducos, Louise commença par organiser des cours du dimanche pour les canaques, dès son arrivée dans la capitale. Grâce à ses méthodes pédagogiques, les noirs peu à peu excitent son admiration par leurs progrès.

Sa popularité parmi les canaques, et aussi l'indépendance de l'institutrice qui ne sait pas flatter les filles des gros fonctionnaires de la colonie, lui attirent les persécutions des autorités. Enfin l'amnistie est votée en 1880. Louise Michel qui se disposait à ouvrir une école canaque dans l'intérieur de l'île, songe à sa mère qui vient d'avoir une attaque de paralysie et à son amie Marie Ferré qui attendent son retour.

Avec regret, elle quitte la terre calédonienne au milieu de la foule des canaques qui pleurent son départ et l'entourent jusqu'au bateau pour lui dire un dernier adieu. A Sydney elle s'embarque sur le « John Helder » et arrive à Londres avec ses animaux familiers. Après la réception des proscrits anglais, les déportés se dirigent vers Newhaven pour débarquer à Dieppe. Après 8 ans d'exil Louise revoit la France. Une nouvelle vie d'apostolat et de sacrifice l'attend sur la terre natale. Tout en regrettant ses sauvages, aux yeux brillants, au cœur d'enfant, elle est prête à reprendre le bon combat.

A la révolution elle appartient depuis longtemps tout entière.

> O révolution! mère qui nous dévore (1)
> Et que nous adorons, suprême égalité,
> Prends nos destins brisés pour en faire une aurore;
> Que sur nos morts chéris plane la liberté.
> Quand Mai sinistre tonne, éveille nous encore
>   A ta magnifique clarté.

s'écria-t-elle dans un superbe élan mystique au retour du bagne.

(1) Poésie à Marie Ferré.

LOUISE MICHEL
à son retour de Nouvelle-Calédonie

Vᵉ CHAPITRE

———

Après l'Amnistie

Retour en France après l'amnistie. — Évolution de ses idées. — Louise Michel propagandiste révolutionnaire. — Ses condamnations.

En 1881 lorsque Louise Michel revint en France, après l'amnistie. L'évolution industrielle et commerciale, un instant arrêtée par la guerre de 1870, continue son développement régulier. La mise en valeur du canal de Suez, la création de voies ferrées nouvelles, le percement du St-Gothard, du tunnel de l'Arlberg favorisent par la facilité et la rapidité des moyens de communication l'activité économique mondiale. Une recrudescence inouïe des affaires caractérise cette période. Les capitaux s'agglomèrent sous diverses formes, sociétés financières, sociétés industrielles et commerciales. C'est la puissante Compagnie des mines d'Anzin qui exploite les houillères du Nord ; la Société des Ateliers et Chantiers de la Loire se fonde et se ramifiera bientôt en succursales multiples au Havre, à St-Nazaire, à St-Denis, dominant une grande partie de l'industrie métallurgique française. A l'instar du Bon Marché commencent à s'établir dans les villes de province de vastes bazars concurrents terribles pour le petit boutiquier. La grande industrie, le grand commerce sont partout en voie d'ascension. Dans les régions les plus riches de la France, l'agriculture suit le même mouvement et la grande culture scientifiquement organisée remplace peu à peu en Brie, en Beauce, dans le Nord, l'exploitation moyenne, la petite ferme tend à disparaître. Les campagnes se dépeuplent au profit des régions industrielles et des villes. Ces transformations économiques ont leur répercussion dans le domaine social. La situation des classes en France n'est pas la même qu'en 1870.

Avec le développement de l'industrie, la classe ouvrière a acquis une importance numérique qu'elle n'avait pas précédemment. Au moment de la Commune, elle se localisait seulement dans les grandes villes ; maintenant des agglomérations ouvrières importantes se développent dans les bassins houillers du Nord, du Centre, du Midi, près des mines de fer de l'Est. Le Prolétariat qui ne constituait qu'une partie peu considérable de la population française, augmente sans cesse. Le petit cultivateur ne peut lutter contre la grande exploitation agricole et contre les produits de l'étranger, pour lui, le prix du blé à cette époque n'est pas assez rémunérateur, la viande trop bon marché, les engrais nouveaux trop chers, l'impôt trop lourd, et bientôt il voit ses champs grevés d'hypothèques passer en d'autres mains et son fils conquis par l'usine, la mine ou la grande ferme. Le nombre des petits propriétaires cultivateurs va diminuant de plus en plus au profit de la classe ouvrière qui recueille aussi les petits commerçants écrasés par le grand négoce. La situation des classes moyennes devient de plus en plus incertaine à mesure que se poursuit l'évolution économique. Au temps du triomphe de « l'Ordre moral » ces classes ont soutenu les républicains dans leur lutte contre Mac-Mahon et les monarchistes et ont permis à Gambetta d'arriver à son tour au pouvoir. Vers 1881, après les élections, une ère démocratique nouvelle semble s'ouvrir pour la France. On vote des lois libérales sur le droit de réunion, la liberté de la presse, l'instruction gratuite. On enlève au clergé par l'abrogation de la loi Falloux, la domination de l'enseignement. Malgré ces réformes les esprits clairvoyants ne tardent pas à s'apercevoir que les Républicains, maîtres de l'Etat n'apportent que l'illusion d'un gouvernement démocratique. Plus encore qu'au temps de l'Empire, ce sont les puissances d'argent qui dirigent la politique comme le Commerce et l'Industrie. Les expéditions coloniales en Tunisie, au Tonkin, au Soudan, au Congo, à Mada-

gascar qui caractérisent le passage de Jules
Ferry au pouvoir n'étaient point dans le programme des députés qui, en 1881, s'étaient pré-
sentés aux suffrages de leurs électeurs. Le cultivateur ou le boutiquier du village n'avait aucun
intérêt direct à ces conquêtes lointaines qu'il
devait payer d'un surcroît d'impôt et quelquefois du sang de son fils. Quelques gros financiers, industriels puissants, actionnaires importants de sociétés commerciales seuls devaient
profiter des nouveaux débouchés acquis à l'Industrie française alors que s'exerçait sur le
marché européen la concurrence allemande et
américaine. Avec le suffrage universel à la base
du régime, c'est la Ploutocratie qui sous le nom
d'opportunisme dirige la France: « Il faut sérier
les questions » et pour résoudre chacune d'elles,
attendre le moment opportun, expliquaient les
politiciens de cette époque pour justifier l'abandon de leur programme électoral aux puissances
financières.

Le républicain du temps de Jules Ferry qui
avait besoin de l'appui du Gouvernement pour
assurer sa réélection, satisfaire sa clientèle électorale, par ses votes à la Chambre se distinguait
fort peu du réactionnaire d'autrefois. Le radical
reprit son ancien programme politique abandonné, demanda la révision de la Constitution
de 1875, la suppression du Sénat et le gouvernement par une Chambre unique comme au
temps de la Convention, l'impôt sur le revenu,

la séparation des églises et de l'Etat. Mais comme le disait très justement Henri Rochefort : « Il est remarquable à quel point un candidat ressemble peu à un élu ». Une fois dans l'engrenage parlementaire, le radical votait le maintien du budget des cultes, le maintien de l'ambassadeur près du pape, contre l'élection du Sénat par le suffrage universel, pour les expéditions coloniales. Dans un spirituel volume, *le Pilori*, que Henri Rochefort nomme le « Larousse de la trahison, le Bescherelle de l'imposture », Ernest Vaughan nous a crayonné la silhouette vivante de tous les parlementaires de cette époque qui avaient trahi leurs engagements pour « lécher les bottes de Ferry » selon la pittoresque expression de l'auteur. Et nous voyons défiler devant nous la presque totalité de la Chambre des Députés en un cortège burlesque jouant la parodie de la souveraineté du peuple. Que la République était belle sous l'Empire ! s'écrira Louise Michel en face de la réalité politique et sociale qu'elle trouva au retour du bagne; et la républicaine, devant les reniements cyniques des opportunistes et des radicaux de cette époque, évoquera douloureusement les hommes de sa jeunesse en qui elle eut foi et qui trahirent...

Ce Jules Favre qui, le jour de la proclamation de la République, la pressait dans ses grands bras avec Rigaud et Ferré et devint ensuite un des plus féroces ennemis du Peuple... et Emile Ollivier sous l'Empire... et tant d'autres...

L'Histoire se recommence éternellement...
Louise n'accuse pas les individus ; sincère et
droite, elle n'a jamais soupçonné sous la phra-
séologie révolutionnaire, l'ambition et l'égoïsme
latents des hommes. Romantique, elle n'a pas
ces dispositions à l'analyse psychologique, à
l'étude des caractères que la littérature moderne
a introduites parmi nous. Elle ne possède pas
non plus cette intuition spéciale de la nature
intime des individus que le maniement des
âmes a développé chez certains religieux ou
chez certains chefs de parti. Elle n'a jamais dis-
tingué l'arriviste de l'apôtre. Profondément op-
timiste sur la nature humaine, elle explique les
actes mauvais des êtres humains par des causes
étrangères à leur volonté. Jules Favre, après sa
trahison, ne lui inspire aucune horreur ; elle
l'avait aimé comme un père dans le petit cercle
de la rue Hautefeuille, elle croyait à sa bonté, et
pas un instant, il ne lui vint à l'esprit la pensée
qu'elle aurait pu se tromper sur son caractère ;
pour elle, c'est le Pouvoir qui l'a transformé. Le
Pouvoir est maudit. « Quand on a revêtu la tu-
nique de Nessus de l'autorité, on sent en même
temps les effluves de Charenton » écrira-t-elle
plus tard. Louise avait été particulièrement
frappée par les conséquences du pouvoir absolu
d'un homme sur d'autres hommes. Des scènes
du bagne d'une sauvagerie atroce étaient res-
tées gravées douloureusement dans sa mémoire.
Dans ce milieu spécial ou le despotisme humain

peut être sans limites, elle avait pu constater chez le gardien inculte tout aussi bien que chez le fonctionnaire correct ayant jadis fait ses « humanités » le même mépris de la dignité humaine, la même inhumanité, froide. Dans l'ennui du bagne, elle avait vu les instincts les plus ignobles se développer chez les représentants de l'autorité et s'assouvir sur les malheureuses victimes que la société leur livrait; l'homme cherchant son plaisir dans l'humiliation et dans la souffrance d'un autre homme. Devant les scènes de sadisme du bagne, devant cette abominable dégradation de la nature humaine tout aussi grande chez les geôliers que chez les forçats, Louise Michel se souvenait des temps néroniens où les mêmes causes produisaient les mêmes effets. De là, sa haine de tout esclavage anque ou moderne, de toute autorité de l'homme sur l'homme. Avec de telles dispositions d'esprit, Louise devait accueillir avec enthousiasme la nouvelle doctrine révolutionnaire qui commençait alors à se développer : le communisme anarchiste. Michel Bakounine en avait été le promoteur ; des esprits d'élite comme Kropotkine Elie, Elisée Reclus contribuaient alors à la propager.

Cette doctrine était essentiellement fondée sur le principe de la liberté humaine et sur la critique de l'idée d'autorité et de gouvernement.

Dans un manifeste devant la Cour d'Assises de Lyon, les anarchistes s'exprimaient ainsi :

Nous voulons la liberté et nous croyons son existence incompatible avec l'existence d'un pouvoir quelconque quelles que soient son origine et sa forme, qu'il soit élu ou imposé, monarchique ou républicain, qu'il s'inspire du droit divin ou du droit populaire, de la sainte ampoule ou du suffrage universel.

C'est que l'Histoire est là pour nous apprendre que tous les gouvernements se ressemblent et se valent. Les meilleurs sont les pires. Plus de cynisme chez les uns, plus d'hypocrisie chez les autres ! Au fond toujours les mêmes procédés, toujours la même intolérance. Il n'est pas jusqu'aux plus libéraux en apparence qui n'aient en réserve, sous la poussière des arsenaux législatifs quelque bonne petite loi sur l'Internationale à l'usage des oppositions gênantes.

Le mal en d'autres termes, aux yeux des anarchistes, ne réside pas dans telle forme de gouvernement plutôt que dans telle autre. Il est dans l'idée gouvernementale elle-même, il est dans le principe d'autorité. La substitution en un mot dans les rapports humains du libre contrat, perpétuellement révisable et résoluble, à la tutelle administrative et légale, à la discipline imposée, tel est notre idéal. Les anarchistes se proposent donc d'apprendre au peuple à se passer du gouvernement comme il commence déjà à se passer de Dieu.

La fin du manifeste était une revendication de l'égalité sociale analogue à celle du socialisme. A ces considérations théoriques, les anarchistes ajoutaient le mépris du parlementarisme et du suffrage universel.

« Les bulletins de vote destinés à être emportés par le vent avec les promesses des candidats ne valent pas mieux que les sagaies contre les canons », dira Louise Michel, en songeant à l'immense cohue des renégats politiques et aux désillusions que la République avait apportées avec elle. Le socialisme encore à l'aube de son développement n'avait pas eu ses traîtres à cette époque et les partis nouveaux qui s'en réclamaient ne parlaient pas encore d'arriver à la

Révolution sociale par la collaboration de deux classes ennemies.

Un front révolutionnaire unique se dressait contre la bourgeoisie. Socialistes et anarchistes, unis dans les mêmes organisations, travaillaient ensemble à essayer de démolir le vieux monde. Pour tous les sincères, l'œuvre primordiale à accomplir c'était d'abord la destruction de l'ordre social présent et pour cette œuvre gigantesque, l'union de toutes les forces révolutionnaires paraissait nécessaire. Au lendemain de la Révolution, le triomphe du peuple assuré, il serait assez tôt, pour empêcher la formation d'états-majors, pour lutter contre le pouvoir personnel, pensaient les anarchistes de cette époque.

Avant ces temps, encore lointains, les divergences d'idéal devaient céder le pas aux nécessités de l'action et Jean Grave et Jules Guesde menaient ensemble la même lutte de classe. Louis Michel au retour du bagne allait tout naturellement prendre sa place dans l'armée révolutionnaire et collaborer indistinctement avec tous les partis politiques subversifs de cette époque.

Nous combattons l'ennemi commun. Pour ma part je ne m'occupe guère de questions particulières étant, je le répète, avec tous les groupes qui attaquent soit par la pioche, soit par la mine, soit par le feu l'édifice maudit de la vieille société écrit-elle dans la Révolution sociale (1). Et ces

(1) La candidature illégale. L. Michel, *La Révolution sociale*.

groupes étaient divers et nombreux. Dix ans après la défaite sanglante de la Commune, l'idée que l'on avait cru détruire par les massacres et les fusillades renaissait plus vivante que jamais. Lentement, une fermentation révolutionnaire s'accomplissait dans toutes les parties de la France où la population ouvrière s'agglomérait. Ce n'était plus seulement le Parisien qui rêvait alors d'un monde meilleur, mais des profondeurs obscures de la mine aux immenses usines retentissantes du bruit des machines, du Nord au Midi de la France, l'esprit nouveau soufflait partout.

Les associations ouvrières se transformaient sous cette influence. Les syndicats d'autrefois, comme celui du Textile de Roubaix, à la fois bureaux de placement, société de secours mutuels, coopérative de consommation, qui, dans ses statuts faisait une obligation à ses membres de la conciliation en cas de conflit avec le patronat se changeaient en organisme de combat.

Si en 1876 la presse bourgeoise avait unanimement applaudi « la sagesse » des 360 délégués des sociétés ouvrières réunis à Paris sous l'influence de Monsieur Barberet, en 1879, elle fut effrayée des résolutions du Congrès de Marseille où la majorité des congressistes acclama la doctrine de la lutte de classe et de la socialisation des moyens de production et d'échange. Les syndicats sont désormais considérés « comme le plus puisant levier dont doive faire usage la classe ouvrière pour renverser les classes privilégiées et atteindre à son émancipation », lit-on dans la déclaration du Congrès. Cet esprit nouveau pénètre peu à peu dans les masses ouvrières.

La conscience de classe commence à s'éveiller. Le mineur et le tisseur, en face du patron, revendiquent leur droit. Les grèves éclatent de toutes parts sous l'influence des idées et des sentiments récemment éclos. En 1881, à la Grand'-Combe, dans le bassin houiller du Gard, 3.500 mineurs, en quelques jours, abandonnent le travail réclamant la suppression des amendes, l'administration par les ouvriers des caisses de chômage et de retraite, la journée de huit heures, la paye par quinzaine sans retenue. En 1880, c'est la grande grève du textile qui s'étend à Lille, à Tourcoing, à Roubaix, à Armentières. En 1882, la grève des mineurs de Commentry. Contre ces mouvements d'émancipation, le Gouvernement emploie toutes ses forces : police, armée, magistrature. La région du Nord est envahie par plusieurs régiments ; les pays miniers du Sud sont mis en état de siège, les militants condamnés à la prison par les tribunaux correctionnels. C'est le début de la lutte entre le Capital et le Travail et la solidarité ouvrière est encore trop faible pour vaincre la puissance ennemie.

Ces soulèvements mal organisés, sans cohésion, sans préparation suffisante échouent.

Après l'échec des grèves vient la vengeance patronale ; à Commentry, 3oo ouvriers sont renvoyés de la mine, à la Grand'Combe, 4oo familles sont jetées dans la misère. Mais ces souffrances des vaincus forment le levain fécond qui fera germer les révoltes futures.

Dans ces luttes de classe se constitue peu à peu la concience ouvrière. Les grèves préparent le terrain que les apôtres de la Révolution viendront ensuite ensemencer. Les communards en exil avaient gardé leur foi révolutionnaire. Dans un manifeste célèbre publié à Londres en 1874, les blanquistes affirmaient la lutte de classe et la nécessité de la dictature du prolétariat pour arriver à transformer la société. Après l'amnistie, les exilés revinrent en foule pour l'action révolutionnaire. Des journaux socialistes comme *La Bataille de Lissagaray*, *Le Prolétaire*, de P. Brousse, *Le Cri du Peuple*, de Jules Vallès. *L'Egalité*, de J. Guesde, propagèrent dans toute la France l'idéal social nouveau. Des partis solidement organisés comme le Parti ouvrier français, le Parti socialiste révolutionnaire d'Eudes et de Vaillant se ramifiaient en sections dans tout le pays. Des groupes d'études sociales se fondaient partout sous l'influence des militants socialistes qui parcouraient la France et les meetings, les manifestations se succédaient dans tous les grands centres ouvriers. Sur les champs de grèves Jules Guesde, Jean Allemane, Paule Mink tiraient la leçon de choses des événements

pour l'éducation révolutionnaire du Prolétariat.
Le nouvel évangile social devait tout comme
l'autre trouver la persécution à son entrée dans
le monde. Cette époque est l'ère héroïque du socialisme en France. L'action électorale n'est
alors considérée que comme un moyen de propagande et bien que le chiffre des voix socialistes grossisse à chaque consultation du suffrage
universel, la chasse aux mandats électoraux
n'est pas encore ouverte. Comme récompense à
leurs efforts, les militants n'ont d'autres perspectives que la misère et la prison, aussi une
élite morale se voue-t-elle à l'apostolat socialiste;
tous ceux qui consciemment ou non désirent vivre la vie haute et ardente de l'âme sont attirés
vers l'idéal nouveau.

Des couches obscures du prolétariat se lèvent
ces humbles pionniers d'un monde meilleur, en
proie à la haine des puissants, à la calomnie
dont la vie de lutte est toute faite de dévouement
et de souffrances. C'est Victor Renard, tisseur
renvoyé de l'usine, qui se fait colporteur et sa
balle au dos, couchant dans les granges, parcourt ainsi tout le Nord de la France, prêchant
partout le nouvel évangile, vendant ou distri-
buant le journal qu'il rédige et administre lui-
même. C'est à Lille, Henri Carrette, rédacteur
au *Forçat*, qui, poursuivi par le puissant indus-
triel Casse, condamné par le tribunal correction-
nel est obligé de quitter sa famille et d'errer en
Belgique, en Allemagne, traqué comme un mal-

faiteur par les polices étrangères. C'est Langrand, ouvrier tulliste de Saint-Quentin qui meurt usé par la propagande et la persécution, et tant d'autres... De tous les côtés de la France, des héros obscurs se consacrent à l'œuvre d'émancipation humaine à laquelle ils sont résolus à s'immoler. Louise Michel, revenue du bagne, sera heureuse de retrouver en ces militants l'âme des communards disparus dans la tourmente et de reprendre la lutte avec eux. Depuis longtemps la Vierge rouge s'est vouée à la Révolution. Après le dur exil, elle résiste aux prières et aux supplications de sa mère tendrement chérie qui rêve la vie calme pour toutes les deux, et de nouveau entre dans le combat social. Le 21 novembre 1881, dans ce Montmartre où jadis elle avait défendu si héroïquement la Révolution les armes à la main, Louise, dans la salle de l'Elysée revient lutter par la parole pour la même grande cause. Depuis le retour en France c'est sa première apparition devant la foule populaire, sur la scène des réunions publiques. Une ovation l'accueille. Des acclamations enthousiastes partent des milliers de poitrines et la condamnée de la Commune, qui jadis sur la route de Langres à Paris recevait le salut des ouvriers en se jurant intimement d'en être toujours digne, sent s'exalter en elle aux cris d'admiration de la foule, l'esprit de sacrifice et d'abnégation qui a dirigé toute son existence.

Comme elle s'immolerait joyeusement si,

pour sauver le peuple il ne fallait, comme aux temps antiques, que l'offrande d'une seule vie !

« J'ai vu seulement cette grande foule grondante que j'aimais tant autrefois et que j'aime plus encore depuis que je reviens du désert. J'ai entendu seulement la Marseillaise et une unique impression m'a dominée ; c'est qu'au lieu de livrer à de nouvelles hécatombes cette foule bien-aimée, il vaut mieux ne risquer qu'une tête et que les nihilistes ont raison »,

écrit-elle à ses amis Henri Rochefort et Olivier Pain, mais Louise réfléchit (1).

1° Que le tyrannicide n'est praticable que quand la tyrannie n'a qu'une seule tête ou un certain groupe de têtes, quand elle est devenue l'hydre, c'est la Révolution qui s'en charge ;

Et c'est à la préparation de la Révolution que désormais Louise Michel consacre son existence, parcourant la France du Nord au Midi, accompagnant de conférences en conférences les militants les plus divers, les Guesde, les Vaillant, les Allemane.

Dans les grèves, l'apôtre vient soutenir de sa foi ardente les mineurs en lutte, les tisseuses de Lille et d'Amiens. Son action s'exerce jusqu'à l'étranger; à Gand nous la retrouvons sur l'Hippodrome, à la salle du Mont-Parnasse, prêchant les foules flamandes. En Hollande, les savants viennent l'entendre, curieux de pouvoir juger par eux-mêmes cette révolutionnaire stigmatisée par la presse bien pensante et qui remplit le

(1) *Mémoires.*
(2) *Mémoires.*

monde du bruit de son nom. Et ils sont tout
étonnés en revenant de ses conférences... A la
tribune, en face de la foule immense, Louise
Michel est dans son élément naturel. La nature
particulière de son génie, la puissance de son
imagination et de sa sensibilité, sa sincérité devaient nécessairement faire d'elle un grand orateur. Elle semble être d'ailleurs l'orateur né.
Ecrit-elle ses Mémoires ? A chaque instant elle
s'interrompt. Grâce à la richesse de sa culture
encyclopédique, une multitude d'idées philosophiques ou sociales viennent par association
hanter son esprit et Louise, arrêtant là son récit,
laisse sa pensée se dérouler naturellement en pé-
riodes éloquentes. Nul n'a moins connu la composition scholastique. Ses mémoires, dans le dé-
cousu de l'ensemble, abondent en fragments de
discours ou la hauteur philosophique s'allie à
la splendeur de la forme. Comme celles des apôtres et des prophètes, son éloquence coule de
source ; elle s'épand librement rapide et puissante grâce à la foi communicative qui l'anime.
L'exemple de sa vie toute de pureté et de souffrance, ses années de bagne impressionnent les
masses tout autant que la sainteté d'un Pierre
l'Ermite les impressionnait « autrefois ». Sa passion révolutionnaire ressemble à la passion de
ces moines ardents du Moyen-Age qui s'atta-
quaient au luxe et aux vices des prélats de leur
temps. Mais l'apôtre moderne est en même
temps une artiste et un poète. Pour prêcher

l'évangile nouveau, sa pensée s'enveloppe tout naturellement d'images d'une étincelante beauté (1).

« Salut aux mortes obscures qui ont souffert pour ceux qui v.endront après nous, sans que l'horizon lointain secouât en gerbes d'étoiles les éblouissements de l'aurore. »

« La Révolution sera la floraison de l'humanité, comme l'amour est la floraison du cœur. »

D'autres fois c'est une poésie pénétrante qui se dégage des visions douces de paysages tendrement aimés et qui se mêle à l'évocation dramatique des révoltes paysannes du passé à l'appel aux révoltes futures, à l'affirmation énergique du droit humain.

Allons les Bagaudes, les Jacques, vous qui portez le collier de misère aussi dur que le collier de fer des aïeux, c'est la veillée des armes, causons en attendant l'heure... L'été, dans vos grandes plaines, monte, âpre et pénétrante, l'odeur des foins coupés au soleil d'été, des senteurs des champs se dégage une sorte de rêve, le rêve de la liberté. Si l'homme n'était l'esclave d'un autre homme la nature serait belle.

Belle, même sous la neige d'hiver où elle s'endort fatiguée des germinal et des fructidor de l'été. Le travailleur lui ne peut dormir, il faut qu'il peine sans relâche pour que ses maîtres ne fassent rien.

Entends-tu paysan, ces souffles qui passent dans le vent? Ce sont les chansons de tes pères, les vieux bardits gaulois « Coule, coule, sang du captif, rouge, la terre fleurira ; rouge, comme les verveines et le captif sera vengé. »

Pourtant depuis des mille et des cent ans tous les fils de Gaule et du monde, captifs du Capital, s'en vont aux égorgements ; sur eux, dans les champs, l'herbe pousse plus haute

(1) *Mémoires.*
(2) Prise de possession 1890, lieu d'édition, Saint-Denis.

et plus touffue. Mais la délivrance ne vient pas, c'est que tu l'implores au lieu de la prendre.

Nul n'a le droit d'asservir les autres, ce qui prend sa liberté ne fait que reprendre ce qui lui appartient, le seul bien véritable.

Quand les troupeaux deviennent menaçants on les décime à l'abattoir des guerres.

L'animal humain comme le cheval de course, le taureau de combat subit en aveugle l'entraînement auquel son ignorance aussi profonde que celle de la bête et son imagination plus haute le livrent tout entier. Et les mensonges de la politique, pareils aux ailes des vampires, bercent doucement les foules dont le sang les abreuve.

Les promesses fallacieuses miroitant aux yeux des meurt-de-faim ne pourront pas durer éternellement. Un jour peut-être, du fond du désespoir soufflera la révolte... Est-ce par une grève générale, par une catastrophe, l'écroulement du Pouvoir aussi bien que par le soulèvement des foules?... Qui sait?... On la sent proche, son haleine, souffle sur nous froide comme la haine et la mort.

Nouveau prophète inspiré par la pensée scientifique, Louise annonce aux masses souffrantes, l'ère de la délivrance et sa foi puissante ébranle les esprits et les cœurs.

Après les conférences, on voit se renouveler auprès d'elle des scènes de vénération et d'attendrissement populaire (1) qui rappellent celles du Moyen-Age. On se presse autour de la sainte moderne, on veut la voir de plus près, la toucher, lui exprimer les sentiments débordants de son cœur ; l'un baise sa robe, l'autre lui presse les mains avec effusion, les femmes l'embrassent, pleurent en songeant à ses souffrances et l'apôtre sent délicieusement son cœur se dilater dans

___

(1) Scène vue par l'auteur à la Bourse du Travail de Lyon.

cette communion d'amour avec les humbles pour qui elle a sacrifié son bonheur. Mais ces instants de joie sont courts. La propagandiste révolutionnaire, fêtée, acclamée la veille par une foule enthousiaste, se verra le lendemain sifflée, huée sur une autre scène, des menaces de mort retentiront à ses oreilles; on lui jetera à Gand des pieds de bancs à la tête, les insultes, les hurlements bruiront autour d'elle, des flammes à Lyon s'élèveront brusquement derrière la tribune où elle parle et Louise restera impassible comme autrefois sous les balles versaillaises. A Gand, elle refuse de se laisser escorter par la population ouvrière qui veut la protéger contre les étudiants réactionnaires.

« Il ne faut pas, dit-elle, laisser croire aux ennemis du peuple que nous prenons pour idoles les uns ou les autres de nous. Nous ne devons faire cortège qu'à la Révolution. C'est pourquoi je vous demande de me laisser partir seule. »

Et, insouciante du danger, au milieu des gourdins brandis sauvagement, des cris de fureur, des menaces de mort, Louise ira avec sa douceur sereine livrer le nouveau combat révolutionnaire. Aux violences et aux insultes elle opposera son indulgence déterministe. Ils ne savent pas ce qu'ils font, se dira-t-elle comme Jésus autrefois, et son ardeur à éclairer ses ennemis grandira.

« Est-ce que nos amis attendaient pour nous une autre réception? » écrit-elle à son ami Henri

Rochefort après avoir failli périr à Versailles sous les cannes plombées des réactionnaires.

Nous n'avons pas besoin de parler de révolution à ceux qui sont révolutionnaires mais à ceux qui ne le sont pas.

Puisque nous avons commencé par Versailles je ne vois pas d'empêchement à ce que nous finissions par la Bretagne.

Nous irons prochainement faire un tour dans ces bons pays du roy.

S'il se trouve des gens qui nous reçoivent à coups de fourche, il s'en trouvera aussi qui seront acquis par la propagande à la Révolution sociale. Tout leur entêtement breton se tournera vers le vrai ; tout leur fanatisme sera pour l'avenir au lieu d'être pour le passé. Il y a longtemps que j'y pense, pour ma part, à la conquête de cette Bretagne, depuis le jour où de la place de l'Hôtel-de-Ville, je regardais avec indignation les larges faces blondes des gars bretons, collés aux vitres de la maison commune, d'où ils nous canardaient avec tant de conviction de par le plan de Trochu.

C'était le 22 janvier.

Oh ! oui, nous les aurons, comme tous les autres, pour la Révolution, les fidèles du Roy, tout comme les autres prolétaires.

Louise MICHEL.
Septembre 1882.

Dans sa vie de propagandiste l'héroïque soldat de la Commune a d'autres adversaires à redouter que les fanatiques sincères. Dans les salles de rédaction des journaux de l'Ordre se distille à chaque conférence le venin qui empoisonne son existence. Un jour, un reporter l'a vue au bois avec ses chevaux et sa voiture, un autre écrit fielleusement dans le Voltaire :

« Ce que rapporte la propagande révolutionnaire. Les conférences de Mlle Louise Michel, à Bruxelles, lui ont été payée à raison de 500 fr. chacune, soit 150 francs pour les trois. A ce prix, les appels à la révolte deviennent une assez bonne affaire. »

Voici la pure apôtre qui s'est vouée volontairement à la souffrance et à la mort pour la cause du peuple, transformée en exploiteuse de ce peuple tant aimé !

Dans l'étroit logis du boulevard Ornano, près du lit de sangle et de la table de sapin, devant la maigre pitance, Louise qui a dépensé généreusement en aumônes la plus grande partie des cent cinquante francs par mois de la pension que lui fait son compagnon d'exil, Henri Rochefort, sent toute l'amertume du fiel réactionnaire. Puis le lendemain, ce sont des demandes d'argent de quatre cents, cinq cents francs alors qu'il ne reste pas cinq francs à la maison. Louise ne touchait jamais un sou de ses conférences, c'est-à-peine si on lui payait ses voyages. « De tout cela ma mère a souvent pleuré », nous dit la tendre fille qui oublie les larmes silencieuses qu'elle même dans sa vie d'ascète versa si souvent en songeant à ces calomnies.

Puis ce sont les pièges policiers tendus incessamment à l'apôtre qu'il faut éviter. Peu méfiante, Louise y tombe quelquefois. Elle écrit dans la « Révolution sociale » fondée secrètement par le machiavélique préfet de police Andrieux pour diviser les forces révolutionnaires, mais sa sincérité déjoue les combinaisons de l'astucieux personnage et le renard est pris dans son propre piège. Les coups dirigés contre d'autres tombent sur lui.

La Police devait néanmoins avoir sa revanche. L'action de l'agitatrice inquiétait le Pouvoir. On guettait l'occasion favorable pour l'emprisonner. Cette occasion se présenta en janvier 1882 à propos de la manifestation en l'honneur de l'anniversaire de Blanqui. D'après la déposition mensongère d'un gardien de la paix, Louise Michel fut condamnée à quinze jours de prison pour outrages aux agents.

Voici d'après l'*Intransigeant* du 7 janvier, le compte-rendu de l'audience.

POLICE CORRECTIONNELLE

La première accusée appelée est Louise Michel. La vaillante citoyenne est très calme. C'est de sa voix lente et d'une façon très précise, qu'elle répond aux questions du Président.

— Vous êtes prévenue d'outrages aux agents, lui dit M. Puget.

— Ce serait plutôt à nous de nous plaindre de brutalités et d'outrages répond Louise Michel, car nous avons été très calmes. Voici ce qui s'est passé et ce qui motive sans doute ma présence ici.

En arrivant chez le commissaire de police, j'ai vu en bas plusieurs agents qui frappaient violemment un homme. Ne voulant rien dire à ces agents qui étaient très surexités, je suis montée au premier ; j'ai trouvé là deux autres agents plus calmes auxquels j'ai dit : « Descendez vite, on assassine en bas ».

M. LE PRÉSIDENT. — Ce récit est en désaccord avec la déposition des témoins que nous allons entendre.

LOUISE MICHEL. — Ce que j'ai dit est la vérité. D'ailleurs j'ai avoué des choses plus terribles que celle-là.

Le témoin appelé est un nommé Conar, gardien de la paix. Il raconte qu'il a trouvé en arrivant chez le commissaire de police deux femmes, dont Louise Michel et que celle-ci lui a dit : « Vous êtes des assassins et des *feignants*. »

Louise Michel. — C'est faux !

L'agent persiste à affirmer la véracité de son récit. Louise Michel répète qu'elle a dit la vérité et qu'elle ne peut dire autre chose.

Malgré l'invraisemblance du récit de l'agent, le tribunal, en vertu de l'article 224 du Code pénal, condamne Louise Michel à quinze jours de prison.

L'injustice de cette condamnation, la mort de son amie Marie Ferré, devaient encore exalter chez l'apôtre, le désir du sacrifice personnel. Instinctivement, la révolutionnaire qui dans les longues épreuves de sa vie a appris à se « mourir à soi-même », cherche à oublier sa souffrance dans le dévouement à son idéal « qu'importe ! il faut aller jusqu'au bout, le travail étourdit, la douleur fait marcher comme un éperon. C'est nécessaire peut-être pour fournir sa carrière (1) » et dans le sentiment de cette dure nécessité, Louise trouve sa consolation et ne songe qu'à être forte pour l'heure du sacrifice. Cette heure ne tarde pas à sonner de nouveau. Au mois de mars 1883, un terrible chômage plongea dans la misère des milliers d'ouvriers. Un anarchiste, Pouget, avec quelques amis, organisa à Paris, une manifestation des sans travail, esplanade des Invalides. Louise ne se leurrait pas sur l'issue possible de la démonstration, mais au premier appel elle accourut au milieu des chômeurs. N'avait-elle pas voué sa vie à défendre les misérables ? Au moment du danger, le soldat devait-il déserter son poste de

(1) *Mémoires*.

combat? « Une manifestation est toujours sans
résultats, dira-t-elle plus tard en Cour d'Assises,
mais je pensais que le gouvernement userait de
ses moyens habituels et que la manifestation
serait balayée par le canon. Il eût été lâche de
ma part de ne pas y aller ». Et puis devant la
souffrance des affamés peut-on rester inerte ?
Ne faut-il pas faire entendre leur cri de détresse
aux puissants, essayer de secouer l'égoïsme des
riches ? La Vierge rouge ne pensant qu'à son
devoir vint parmi les meurt-de-faim. Son éloquence ardente les souleva en foule. D'un morceau d'étoffe noire qu'elle attacha à sa manche
elle fit un drapeau et avec cet emblème de la misère elle entraîna à sa suite vers les quartiers riches du boulevard St-Germain, le long cortège
des misérables : « du pain ou du plomb » criaient
des milliers de voix, devant les bourgeois tremblants, comme autrefois les insurgés lyonnais
de 1834. La manifestation signalée aux forces
de la police fut bientôt arrêtée. Louise put néanmoins s'échapper. Sur le passage de la proces-
sion des chômeurs, des boulangeries avaient été
pillées. Immédiatement Louise Michel fut accusée d'être l'instigatrice de ces actes. La terreur
que produisait son nom était énorme. Des femmes affolées de peur affirmaient l'avoir vue s'arrêter devant leurs boutiques, frappant la terre
de la hampe de son drapeau et ordonnant le
pillage. Un mandat d'arrêt fut lancé contre elle.
Réfugiée chez son ami Ernest Vaugham, Louise

qui sortait, déguisée en homme se déroba pendant un certain temps aux recherches de la police. Mais ses amis Pouget et Mareuil étaient en prison. Ils avaient voulu la sauver dans l'échauffourée de la place Maubert où ils furent arrêtés. Louise songeait avec angoisse à cela, des scrupules de conscience bientôt lui torturèrent l'âme. N'était-il pas lâche de laisser porter à d'autres tout le poids de la responsabilité de la manifestation et de ne pas revendiquer sa part? A la fin, n'y tenant plus Louise alla elle-même se livrer au préfet de police M. Camescasse.

Elle comparut avec ses camarades devant la Cour d'Assises de la Seine le 21 juin 1883, sous l'inculpation suivante :

Louise Michel ; Jean-Joseph-Emile Pouget ; Eugène Mareuil sont accusés :

1° d'avoir été en mars 1883 à Paris, les chefs et instigateurs du pillage, commis en bande et à force ouverte, de pains appartenant aux époux Augereau, bou'angers, Bouché, boulangers, Moricet, boulangers. Louise Michel répondit au Président des Assises qu'elle était complètement étrangère au pillage des boulangeries, elle avait marché constamment à la tête du cortège et ne s'était aperçue de rien. Elle déclara franchement que ces actes, selon son opinion, étaient l'œuvre de quelques enfants et d'agents secrets de la Préfecture de police.

Puis se sentant condamnée d'avance l'apôtre

ne songea plus qu'à se servir de ce prétoire
pour confesser sa foi.

Voici une partie de la fière défense que l'accusée présenta elle-même à ses juges.

C'est un véritable procès politique qui nous est fait ; ce n'est pas nous qu'on poursuit ; c'est un parti qu'on poursuit en nous, et c'est pour cela que j'ai dû refuser les offres qui m'étaient faites par Mᵉ Balandreau et par votre ami Laguerre qui, il n'y a pas longtemps, prenait si chaleureusement la défense de nos amis de Lyon.

M. l'avocat général a invoqué contre nous la loi de 1871, je ne m'occuperai pas de savoir si celle de 1871 n'a pas été faite par les vainqueurs contre les vaincus, contre ceux qu'ils écrasaient alors comme la meule écrase le grain ; c'était le moment où on chassait le fédéré dans les plaines, où Gallifet nous poursuivait dans les catacombes, où il y avait de chaque côté des rues de Paris des monceaux de cadavres.

Il y a une chose qui vous étonne, qui vous épouvante : c'est une femme qui ose se défendre.

On n'est pas habitué à voir une femme qui ose penser ; on veut selon l'expression de Proudhon voir dans la femme une ménagère ou une courtisane !

Nous avons pris le drapeau noir parce que la manifestation pouvait être essentiellement pacifique, parce que c'est le drapeau noir des grèves, le drapeau de ceux qui ont faim.

Pouvions-nous en prendre un autre ?

Le drapeau rouge est cloué dans les cimetières et on ne doit le reprendre que quand on peut le défendre, or nous ne le pouvions pas ; je vous l'ai dit et je le répète, c'était une manifestation essentiellement pacifique.

Je suis allée à la manifestation, je devais y aller. Pourquoi m'a-t-on arrêtée ? J'ai parcouru l'Europe, disant que je ne reconnaissais pas de frontières, disant que l'humanité entière a droit à l'héritage de l'humanité. Et cet héritage, il n'appartient pas à nous, habitués à vivre dans l'esclavage, mais à ceux qui auront la liberté et qui sauront en jouir. Voilà comment nous défendons la République et quand on nous dit que nous

____

(1) *La Vie populaire. Souvenirs et aventures de ma vie.* Mémoires posthumes.

sommes ses ennemis, nous n'avons qu'une chose à répondre, c'est que nous l'avons fondée sur trente-cinq mille de nos cadavres.

. . . .

Au-dessus des tribunaux, au delà des vingt ans de bagne que vous pouvez prononcer, au delà même de l'éternité du bagne si vous voulez, je vois l'aurore de la liberté et de l'égalité qui se lève. Et tenez, vous aussi, vous en êtes las, vous en êtes écœurés de ce qui se passe autour de vous !... Peut-on voir de sang-froid le prolétaire souffrir constamment de la faim pendant que d'autres se gorgent?

Nous savions que la manifestation des Invalides n'aboutirait pas et cependant il fallait y aller. Nous sommes aujourd'hui en pleine misère... Nous n'appelons pas ce régime-là une république. Nous appellerions république un régime où on irait de l'avant, où il y aurait une justice, où il y aurait du pain pour tous. Mais en quoi votre République diffère-t-elle de l'Empire? Que parlez-vous de la liberté de la tribune avec cinq ans de bagne au bout?

Je n'ai pas voulu que le cri des travailleurs fut perdu, vous ferez de moi ce que vous voudrez ; il ne s'agit pas de moi, il s'agit d'une grande partie de la France, d'une grande partie du monde.

On ne connaît de patrie que pour en faire un foyer de guerre. On ne connaît de frontières que pour en faire l'objet de tripotages. La Patrie, la famille, nous les concevons plus larges, plus étendues. Voilà nos crimes. Nous sommes à une époque d'anxiété, tout le monde cherche sa route, nous dirons quand même : Advienne que pourra ! Que la liberté se fasse ! Que l'égalité se fasse et nous serons heureux !

L'audience fut ensuite levée et renvoyée au lendemain. A la fin des plaidoiries, lorsque le Président demanda aux accusés s'ils avaient quelque chose à ajouter pour leur défense, Louise Michel se leva et dans un mouvement sublime de générosité elle s'écria :

Ce procès est un procès politique, c'est un procès politique que vous allez avoir à juger.

On me donne le rôle de première accusée. Je l'accepte. Oui, je suis la seule... j'ai fanatisé tous mes amis... C'est moi qu'il faut frapper... moi seule ! Il y a longtemps, vous le savez tous, que j'ai fait le sacrifice de ma personne et que le niveau a passé sur ce qui peut m'être agréable ou désagréable. Je ne vois que la Révolution... c'est elle que je servirai toujours... c'est elle que je salue... Puisse-t-elle se lever sur des hommes au lieu de se lever sur des ruines !

Le jury composé de ceux qui, selon les vers du poète « traînent ici-bas le somble accablement d'être en ne pensant pas » fut insensible à la grandeur morale de l'apôtre. Louise Michel se vit encore injustement condamner à six ans de réclusion dans une maison centrale et à dix ans de surveillance de la haute police.

Le président, écrit-elle dans ses mémoires (1), prit alors un air apitoyé et nous dit :

— Condamnés, vous avez trois jours francs pour vous pourvoir en cassation contre l'arrêt qui vient d'être rendu.

— Jamais, m'écriai-je, en me levant, jamais !... Vous imitez trop bien les magistrats de l'Empire.

De violentes protestations parties du fond de la salle accueillent cette condamnation. Quelques cris de « Vive Louise Michel » se font entendre, et c'est au milieu du bruit et des cris les plus variés que l'audience est levée. Au dehors il gronde un vent d'émeute. Les coups pleuvent, la police charge. Sur la place Dauphine ce sont des hurlements de rage, des galops effrénés de chevaux, une débandade...

On me ramène alors à la Conciergerie. Au moment où je longeais le long couloir qui conduisait à ma cellule, ma mère se dressa devant moi, et se jetant dans mes bras, s'écria d'une voix déchirante : « Ma pauvre Louise ! Que nous sommes malheureuses !... J'avais comme le pressentiment que nous serions encore séparées... Oh ! c'est affreux ! cette fois je crois que j'en mourrai. » Un sanglot m'étreignit à la gorge, mais rassemblant toute mon énergie je dis à l'excellente femme :

____

(1) *La Vie populaire. Mémoires posthumes.*

« Ne pleurez pas ma mère, je suis revenue de Calédonie ; ce n'est pas pour mourir dans une prison de France... ayez foi en l'avenir !... Les maîtres ne seront pas toujours les maîtres. Il arrivera forcément un jour, qui n'est peut-être pas très éloigné où la force qui prime tout aujourd'hui sera vaincue par une autre force moins brutale mais plus persuasive... Alors ce que l'on considère aujourd'hui comme un crime sera regardé comme un acte de justice, un acte d'humanité. Espérez ma bonne mère, espérez... surtout ne pleurez plus. L'aube se lèvera bientôt claire et resplendissante.

CHAPITRE VI

Les Prisons

Louise Michel, prisonnière à St-Lazare,
à la Centrale de Clermont (Oise).

Après la sublime générosité du sacrifice,
Louise Michel accepte stoïquement le sort qui
lui est réservé. Comme une chrétienne de l'é-
poque héroïque, sa vie antérieure l'a préparée
à l'épreuve de la prison. Depuis son retour de
la Nouvelle Calédonie, la révolutionnaire n'a pas
connu l'amollissement du luxe ou même le
simple confort. Entre l'étroit logement si sévè-
ment meublé de la propagandiste et la cellule
de la prisonnière, il y a un étrange air de famille. L'existence ascétique que son ardente charité lui impose, la frugalité de ses repas, et les
jeûnes si fréquents lorsque les aumônes ont ab-
sorbé tout l'argent de la maison, cette vie mo-
nastique volontaire devait permettre à l'apôtre
de mieux supporter sa captivité. Aussi ne se
plaint-elle pas de la prison. « Je n'y ai souffert

ni de la faim ni du froid », nous dit-elle dans ses
Mémoires.

Mais les souffrances des détenus ne sont pas
seulement physiques, Louise nous a analysé
d'une façon nette et frappante les impressions
de l'enfermé.

(1) La prison est semblable au désert. Avoir devant soi l'espace dont l'œil ne perçoit pas les limites ou être enfermé dans l'étroit espace où rien du dehors n'apparaît, la sensation est la même ; c'est l'infini qui nous enveloppe. Tous les bruits de la vie, tous ses horizons bornés ont disparu, les deux gouffres du passé et de l'avenir se confondent. L'être s'y désapprend de l'existence ordinaire, la pensée seule étant active (1).

A cette séparation du monde extérieur, qui
fait du détenu une sorte de mort vivant et dont
le supplice lent détruit tant de raisons humaines,
Louise Michel s'y est adaptée. L'intellectuelle
qui en Nouvelle-Calédonie a vaincu la nostalgie
terrible dont mouraient ses compagnons saura
aussi bien terrasser l'ennui des prisons. Sa foi
en l'idéal philosophique et social qui a conduit
et illuminé sa vie reste intacte. Cette foi qui aux
heures du danger a suscité son héroïsme, la console et la soutient dans sa captivité. L'apôtre a
d'ailleurs, depuis de longues années, pris l'habitude du renoncement à soi-même, elle ne recherche ni le plaisir, ni le bonheur personnel et
la privation de la liberté lui semble moins douloureuse. « Il y a longtemps, disait-elle à ses
juges de la Cour d'Assises, « que le niveau a pas-

(1) *Souvenirs et aventures de ma vie,*

sé sur ce qui peut m'être agréable ou désagréable ».

Mais c'est surtout grâce à sa puissance intellectuelle que Louise Michel peut le mieux résister aux effets déprimants de la prison. Les hauts murs qui enserrent la condamnée dans l'étroit espace de la geôle, disparaissent devant le pouvoir magique de son imagination. La romancière de « Microbes humains » à la façon d'Eugène Sue, nous entraîne avec elle dans les milieux les plus divers, à travers de fantastiques et merveilleuses aventures. Comme devant un film cinématographique nous voyons défiler devant nous, dans ce livre écrit en prison, toute une série de tableaux bien vivants qu'une intrigue compliquée relie les uns aux autres. D'abord apparaît à travers l'épais nuage de la fumée des pipes, une brasserie du quartier Latin avec ses groupes de filles, de gens de lettres, de nobles et de financiers détraqués qui font le succès de l'ancienne maîtresse d'un guillotiné. Une dispute — bousculade, carafes et chaises renversées. On envoie chercher les agents, mais tout à coup quelqu'un éteint le gaz et à la faveur de l'obscurité, un mystérieux inconnu, l'homme aux yeux ronds, empoisonne un consommateur. Un journaliste innocent est accusé et condamné à mort. La place de la Roquette, toute préparée pour l'exécution capitale, apparaît alors devant nous et la romancière sait nous rendre avec un réalisme saisissant toute la bestialité de ce spectacle

d'où semble se dégager une odeur fade et fraîche « comme celle d'un étal de boucherie ».
Puis un paysage triste de la Sologne d'autrefois,
avec ses mares aux sangsues, succède au précé-
dent tableau et Louise dont le cœur saigne, avec
une révolte et une colère contenues nous décrit
le supplice du cheval que l'on pousse dans la
mare à coup de fouet, à coup de perche pour
servir de proie vivante aux sangsues. Avec une
tendresse infinie, l'amitié d'un pauvre enfant
abandonné et d'un de ces animaux condamnés
nous est contée. Puis l'auteur nous transporte
dans le pays d'Armor aux genêts d'or et aux
landes fleuries, où danse au son du biniou une
noce bretonne. Les légendes des Korrigans et du
Drak, les chastes amours des gars aux yeux
clairs, revivent pleins de poésie. Changement
de décor, nous voilà au Pôle Sud, au milieu des
banquises, nous contemplons l'aurore astrale.
Nous voici maintenant dans la verte Irlande où
nous assistons aux luttes épiques d'un peuple
en révolte. Et la multitude de ces tableaux se
déroulent tout autour de cet homme aux yeux
ronds « génie malfaisant », mystérieux, que,
dans l'atmosphère de merveilleux scientifique
à la Jules Verne, dont le roman est imprégné,
semble incarner la Science sans la conscience.

L'imagination puissante de Louise Michel
prend pour champ d'action tantôt la vaste étendue du monde entier, tantôt l'activité de son
esprit se concentre sur le milieu étroit de la pri-

son. A St-Lazare, elle s'initie à l'argot comme autrefois en Nouvelle Calédonie, elle apprenait les dialectes canaques. En attendant son transfert à la prison centrale de Clermont (Oise), elle étudie la population spéciale qui vit dans les murs sombres de la vieille geôle, elle se promène dans les cours étroites, autour des bassins, avec les condamnées. De la fenêtre de sa cellule elle entend les conversations des prostituées internées par mesures de police et tout un monde nouveau jusqu'ici entrevu superficiellement se dresse devant elle, vivant et souffrant. Le poète et l'artiste, dans la vétusté noire de la bâtisse d'infamie, découvre une harmonie entre les êtres et les choses. La lèpre des âmes semble se retrouver dans la couche blanche qui enveloppe les arbres des cours. De l'argot, des bâtiments sombres peuplés des malheureuses que le vice ou le crime ont étreintes, Louise Michel a dégagé la poésie spéciale des bas-fonds sociaux, la poésie de St-Lazare.

Ecoutons-là nous décrire la vie dans la vieille prison.

Des ateliers muets sortent deux fois par jour pour la récréation, des filles silencieuses, mais une fois dans la cour, sous les grands arbres aux tones couverts d'une mousse courte, blanche comme la lèpre, des groupes se forment, murmurent comme si on parlait à la cloche de bois. Peu à peu, le bourdonnement se fait plus fort, la ruche de misère tournoie dans les grands murs, où les arbres sont devenus lépreux étant sans air, des pavés lourds comme des tombes sur leurs racines. Une fois le murmure accentué en paroles nettes, il est possible de suivre

(1) *Souvenirs et aventures de ma vie.*

des fenêtres des cellules, les diverses parties du chœur sinistre ou railleur parfois, c'est en mode mineur, la note sensible y jette un glas douloureux et charmant qu'on retourne comme une lame aiguë et qu'on aime à retourner. D'autres fois un rire rauque râle dans la gorge d'une malheureuse qui veut être gaie.

Il y a dans leurs paroles le burlesque mêlé au navrant. L'argot rouge, l'argot noir, l'argot blanc se mêlent pareils à des grouillements de monstres, où se trouveraient enlacées des formes charmantes, car l'argot est vivant, il fait image sanglante ou naïve. L'argot subit d'éternelles fluctuations, il a des remous rapides comme le destin de ceux qui s'en servent. L'argot blanc c'est la tenue blanche des mots ; la plupart sont encore inconnus au néophyte, les circonstances les lui apprendront. L'argot rouge et l'argot noir sont goguenards dans leurs histoires de Morgue. Il y a encore l'argot des filles ; celui-là, parfois fleurit la boue des ruisseaux ou les pavés sanglants de la place de la Roquette. Il a des coquetteries, des grâces de mort.

Dame ! parmi ceux ou celles qui parlent argot il se trouvait des cerveaux de génie, des artistes, des inventeurs, mais la vieille gueuse de société capitaliste les a pris à la gorge, elle les a terrassés, dépouillés, elle leur a arraché de la gorge leur génie pour en faire les brutes qui les représentent, les brutes qu'elle torture quand ils sont en bas.

De l'analyse attentive et minutieuse des Mémoires de l'héroïne, il ressort que la première impression éprouvée au milieu des femmes de St-Lazare fut le dégoût. Dans « le panier à salade » qui la conduit de la Conciergerie à la prison, elle est tout d'abord frappée par les rires lubriques des filles soumises et leurs paroles à double sens obscène. Dans la cellule qu'elle partage avec sept autres condamnées, dans la cour, l'idéaliste est blessée par la bestialité des regards et des gestes, les attouchements ignobles,, la violence des instincts de haine, les brutalités, enfin par tout le spectacle horrible de la dégradation humaine.

Après les premiers moments de répulsion, la déterministe qui a toujours envisagé les êtres humains comme des produits de l'hérédité, de l'éducation, du milieu social, sent disparaître peu à peu sous l'influence de la réflexion, cette impression d'horreur pour les femmes de St-Lazare qui l'avait d'abord saisie à son entrée dans la prison. La liberté humaine pour elle n'existe pas; elle croit à l'irresponsabilité de l'être humain à travers la misère, l'abandon, l'ignorance. Criminelles et prostituées ne lui apparaissent plus que comme des victimes de la société. Une pitié immense pour ces malheureuses lui envahit l'âme. Fraternellement, elle va vers elles, leur distribue ses vivres; elle se fait leur consolatrice et leur confidente; sa bonté gagne leurs cœurs. Chacune lui raconte son histoire, et l'ensemble des récits recueillis dans la prison, les conversations entendues des fenêtres de sa cellule confirment la véracité de sa doctrine. Sa révolte contre l'injustice sociale grandit avec sa pitié. Dans des pages toutes vibrantes de colère et d'amour, la Vierge rouge se fait l'ardent défenseur des déchues.

On a trouvé très joli ce mot impitoyable et illogique : « Que messieurs les assassins commencent. » Est-ce que les assassins,

(1) *Mémoires* de L. M.
(2) *Mémoires* de H. Rochefort. — Il est vrai que Louise leur distribuait tous ses vivres, se contentant de se soutenir avec un peu de café noir.

ce ne sont pas les vieux États décrépits où la lutte pour l'existence est si terrible, que les uns tournoient sans cesse au-dessus des autres, réclamant la proie...

Tout n'est que pièges ; les *malheureuses* s'y prennent Est-ce que c'est leur faute à ces *malheureuses*, s'il n'y a de place pour les unes que sur le trottoir ou à l'amphithéâtre ; pour d'autres, si elles ont pris pour vivre ou pour faire vivre leurs petits pour la valeur de quelques sous, quand d'autres jettent pour leurs caprices des milliers d'êtres vivants ? Tenez je ne puis m'empêcher de parler de ces choses avec amertume ; tout s'appesantit sur la femme. A Saint- Lazare, cet entrepôt général d'où elles repartent pour toutes les directions, même pour la liberté, on est bien placé pour les juger.

Mais ce n'est pas en y passant quelques jours, c'est en y restant longtemps qu'on voit juste. On sent alors combien de cœurs généreux battent sous la honte qui les étouffe.

Oui, lève-toi malheureuse qui a si longtemps combattu et qui pleures ta honte ; ce n'est pas toi qui es coupable.

Est-ce que c'est toi qui a donné aux gros bourgeois scrofuleux et ballonnés leur faim de chair fraîche ? Est-ce que c'est toi qui as donné aux belles filles qui ne possèdent rien l'idée de se faire marchandise ?

Et les autres, les voleuses, voyons, quand on jette des femmes dans la rue, il est sûr qu'elles iront où l'homme qu'on appelle leur souteneur — parce qu'il les bat et les exploite — les enverra.

Elles iront seules aussi : est-ce qu'on ne va pas toujours devant soi quand on est perdue ?

Il y a aussi des ouvrières voleuses, elles ont gardé des bouts d'étoffe. Est-ce que messieurs les grands couturiers envoient reporter les restes ?

D'autres avaient fabriqué des allumettes. Dame ! les enfants avaient faim.

D'autres ont trompé leurs maris ! Est-ce qu'ils ne les ont jamais trompées ?

Si on laissait les gens se choisir eux-mêmes au lieu d'appareiller les fortunes, cela n'arriverait pas si souvent. D'autres encore (des vieilles surtout) quand elles crèvent de faim et qu'elles ont envie de vivre encore un peu, insultent un agent pour avoir du pain en prison.

Lorsque j'étais prévenue, j'ai vu une de ces vieilles qui n'avait rien mangé depuis si longtemps que, après avoir pris un peu de bouillon, elle s'affaissa comme ivre. Quelques jours après elle mourait, son estomac ne pouvait plus s'accoutumer à aucune nourriture.

A St-Lazare, Louise Michel peut saisir dans leur réalité terrible, les conséquences de la misère pour l'être humain. Etre dévoré des affres de la faim et n'avoir devant soi que le suicide, le vice, ou le crime à choisir? Telle est l'horrible alternative que révèlent si souvent les dialogues de la prison. A St-Lazare, la révolutionnaire peut étudier de près une des plus effroyables plaies de l'organisation capitaliste, la prostitution. Un jour elle apprend que telle « fille » a été vendue tout enfant à un amateur de chair verte « par sa mère affamée », que telle autre, « jeune bonne naïve, débauchée par son patron, a été forcée par la misère de suivre la pente fatale; celle-ci est une ancienne ouvrière que le chômage a jetée sur le trottoir; celle-là, honnête fille, prise par erreur dans une rafle de police a perdu toute pudeur dans les souillures de St-Lazare. Elle voit parmi les prostituées des vieilles femmes à cheveux blancs qui ne peuvent plus gagner leur vie et qui de la vente de leur corps tirent encore de quoi subsister. Le sexe seul est un commerce profitable pour la femme; les salaires de famine que les travailleuses obtiennent ne leur permettent pas de vivre dans beaucoup de cas, sans un rapport d'une autre nature. Et après le premier faux pas, la femme roule de chute en chute. Le terrible engrenage de la prostitution qui a happé une proie ne la lâche plus. Louise de la fenêtre de sa cellule apprend cela et aussi la vie horrible des filles « des maisons closes », les échanges que les tenanciers font des unes et des autres comme d'un bétail à profit. Exploitée par le marchand de chair humaine dans le lupanar, la prostituée qui vit dans la rue est sans cesse rançonnée par l'agent des mœurs, le souteneur qui la brutalise les nuits où le hasard ne lui a pas été favorable. Après avoir consigné dans ses Mémoires, les dialogues en argot, terribles documents pris sur le vif, de l'ignominie sociale, la Vierge rouge s'abandonne à son indignation.

Si les femmes des prisons font horreur, moi c'est la société qui me dégoûte !

Qu'on ôte d'abord le cloaque. Quand la place sera nette sous le soleil, personne n'y enfoncera plus dans l'ordure.

Jeunes filles aux voix douces et pures, en voici de votre âge aux voix rudes et cassées. C'est qu'on ne vit pas comme elles vivent sans boire pour s'étourdir, pour oublier qu'on vit.

Saint-Lazare ! Écoutez, jeunes filles qui n'avez jamais quitté vos mères ; il y a ici des enfants comme vous, des enfants de seize ans. Mais celles-là, où elles n'ont pas de mères ou leurs mères n'ont pas le loisir de veiller sur elles.

Les pauvres ne peuvent pas garder près d'eux leurs petits, ni prendre le temps de veiller leurs morts. Elles sont pâles, flétries ; c'est pour vous garder des attaques de ceux qui, disent les imbéciles, se jetteraient sur vous si leur faim de chair fraîche ne trouvait pas à se repaître dans la rue sur la fille du peuple.

On appelle ça de l'égalité et de la justice !... (1).

Et la Vierge révolutionnaire dont le cœur saigne de la douleur des prostituées se console en

____

(1) *Mémoires.*

songeant qu'un jour ces infamies sociales disparaîtront devant la Révolution victorieuse.

Mais regardons en avant, car dans ces tortures va naître
la jeune humanité. C'est elle que Ferré au poteau de Satory,
les nihilistes du haut des potences du tzar, les socialistes allemands la tête sous la hache, saluent comme je le fais devant
la vie — plus horrible que la mort.

En attendant la Vierge rouge à St-Lazare
épand tout autour d'elle « le rayon d'amour »
qui, selon Hugo, doit réveiller le cœur de la
femme tombée. Toute fière d'être appelée la
bonne Louise, elle est heureuse de pouvoir découvrir chez les malheureuses que sa bonté a
réconfortées « des trésors de délicatesse et de générosité ».

Ecoutons-la nous raconter elle-même l'histoire
de son amitié avec Clarisse « la terreur » de
St-Lazare.

(1) Clarisse était réputée très dangereuse. Il courait sur son
compte des légendes où l'horreur le disputait à l'exagération.
Suivant les unes, elle avait tué deux hommes, suivant les
autres elle avait éborgné plusieurs rivales. Clarisse était une
terreur-femelle, redoutée de ses camarades de captivité elles-
mêmes. La première fois que je vis cette détenue, c'était
au préau. Une religieuse venait d'adresser une réprimande
à Clarisse et celle-ci avait fort mal pris les observations de la
sœur. Je m'approchai de la prisonnière et je lui dis : « — Voyons
ma fille, ne vous emportez pas ainsi ; la colère n'a jamais servi
à rien. Clarisse me fixa ironiquement et s'écria d'une voix
éraillée — « De quoi qu'elle se mêle celle-là ?.... Est-ce que je
te connais,... en voilà encore une pétrousquine...!!
Comme j'insistais doucement, la détenue me prit le bras.
« Toi me dit-elle... tu vas te faire cogner dessus... si tu conti-
nues à t'occuper de mes affaires... Moi je n'aime pas qu'on
mette le nez dans mes chicanes... La sœur m'a fait une obser-

(1) *Souvenirs et Aventures de ma vie.*

vation injuste.... elle dit que c'est moi qui ai chipé la clef du dortoir... Et Clarisse rouge de colère montre le poing à la pauvre religieuse... J'entrainai la prisonnière malgré elle, et quand nous fûmes dans un angle du préau je lui dis : « Vous avez tort, mon enfant, de vous monter ainsi... A quoi servent les cris et les injures?... Vous êtes bonne vous... mais ça sert toujours à leur ficher le trac et à leur faire voir que nous n'avons pas peur des « surveilmuches » et des « béguines » — Et après? — Après — Eh bien quoi... Et Clarisse demeura silencieuse... Vous voyez lui dis-je, que j'ai raison... La détenue me regarda et reprit. — « Vous, vous êtes une femme calme... tout le monde n'est pas comme vous... Moi je n'ai jamais pu voir une injustice sans me rebiffer... » Je souris et répliquai — « Il est des cas où il faut supporter les injustices, cela n'empêche pas de s'employer à les combattre. Clarisse ne comprenait pas... Elle donnait toujours des signes de vive agitation. Enfin, elle me regarda fixement et me dit : — Mais qui êtes vous donc... vous? — Je suis Louise Michel — Louise Michel ! s'écria Clarisse... C'est vous qui avez flanqué le feu aux quatre coins de Paris pendant la Commune, et qui avez été envoyée en Nouvelle-Calédonie. — J'ai été, en effet envoyée en Nouvelle-Calédonie, répondis-je, mais je n'ai jamais mis le feu nulle part... — Cependant... on vous appelait la pétroleuse... je me le rappelle... moi... j'étais encore gosse mais ce souvenir m'est resté... Alors si vous n'avez rien fait, pourquoi vous a-t-on envoyée au bagne? — Uniquement parce que j'ai combattu avec mes frères pour le triomphe de la justice... Clarisse ouvrit de grands yeux... Je vis qu'elle ne saisissait pas très bien le sens de mes paroles, et je lui fis rapidement un petit cours d'humanité... Quand j'eus terminé... elle me prit les mains et balbutia — C'est tout de même vrai ce que vous venez de me dire... Oui c'est la misère qui est cause de tout... Sans la misère est-ce que je serais ici? Tenez... moi qui vous parle, j'aurais sans doute été une femme comme les autres, si j'avais seulement été assurée de gagner un morceau de pain en travaillant. Mais à Paris... la vie est si dure... Et puis... il faut vous dire que je n'ai pas appris de métier... j'ai passé toute ma jeunesse en correction... on m'a bien fait coudre de temps en temps... mais si peu... Et Clarisse hocha tristement la tête — Vos parents n'ont donc point pris soin de vous dans votre enfance, demandai-je? — Mes parents ! Ils se soulaient toute la journée. Un jour mon père dans un moment d'ivresse a assassiné ma mère. On l'a envoyé au bagne. Moi je suis restée seule. On m'a collée aux enfants assistés. Quand j'atteignis treize ans on m'envoya dans une ferme des environs de Paris. Les paysans auxquels on m'avait confiée étaient des brutes ignobles ! Ils me battaient comme plâtre et me donnaient à peine de quoi manger. Alors... un jour je leur ai chipé leurs économies et je suis partie pour Paris... Comme de juste on m'a vite repincée... Ça n'a pas traîné... On m'a envoyée en correction... à la maison de X. Là... j'ai fait la connaissance de femmes qui sont devenues mes amies et qui m'ont initiée au triste métier que je fais aujourd'hui. En sortant de la boîte, que vouliez-vous que je fasse ! Je n'avais jamais fait œuvre de mes dix doigts, et puis j'avais plutôt de mauvais certificats... Je suis devenue une fille... A ce moment je vis une larme briller dans les yeux de Clarisse. — Et cependant... reprit la détenue... je n'étais pas mauvaise au fond... J'aurais aimé être une honnête femme... mais vous voyez que je n'ai pas pu... j'ai roulé petit à petit, au bas de ce que les bourgeois appellent l'échelle du vice et voilà où j'en suis... Aujourd'hui j'attends mon transfert dans une maison centrale. J'en ai attrappé pour dix ans. Et la malheureuse m'expliqua qu'elle avait dans un moment de colère, d'ailleurs absolument légitime, donné un coup de couteau au triste individu qui lui servait « de soutien ». Bientôt Clarisse et moi nous étions devenues de bonnes amies. J'étais arrivée à corriger peu à peu ce caractère violent. Et chez cette fille que tous redoutaient, qui passait pour la dernière des créatures, je découvris de réelles qualités de bonté. Clarisse était devenue « une terreur » uniquement pour se mettre au niveau de ses compagnes de débauches, mais au fond cette prostituée avait un cœur d'enfant... Cette fille qui passait pour une rouée avait desnaïvetés stupéfiantes. Quand elle me quitta pour se rendre à la prison de Clermont, où je devais la retrouver quelques mois plus tard, elle m'embrassa avec effusion et me dit ... Adieu... Je ne sais si nous nous reverrons un jour, mais croyez bien que je me souviendrai de vous toute ma vie. Vous êtes la seule qui m'ayez dit de bonnes paroles... Ah ! si j'avais eu une mère comme vous !

Si quelquefois, dans la vie en commun de St-Lazare, Louise Michel rêva d'une cellule pour son travail intellectuel, le séjour dans cette prison ne lui a pas laissé de mauvais souvenir ; un monde inconnu s'était révélé à elle et l'apôtre toujours au service des opprimés sentit là la douceur d'avoir fait du bien, d'avoir touché de son grand amour humain, le cœur des déchues.

A St-Lazare, une des souffrances les plus douloureuses de la captivité pour Louise, la séparation d'avec sa mère si tendrement aimée, était atténuée. Tous les jeudis et quelquefois les dimanches les deux femmes pouvaient se voir dans le parloir des avocats; aussi ce fut en pleurant que Louise Michel quitta St-Lazare pour la Centrale de Clermont (Oise).

L'ancienne prison aujourd'hui transformée en Ecole de préservation, sorte de maison de correction pour les jeunes filles, était installée sur la haute colline qui domine la petite ville de Clermont et la vallée riante qui l'entoure. Le château des comtes édifié à l'époque des invasions normandes a été incorporé à la nouvelle bâtisse. Les cachots de la Centrale sont bâtis sur les fondements de l'ancien donjon; ces pièces voûtées où la lumière filtrée par des grillages de fer vient d'en bas, produisent une sensation épouvantable sur le visiteur; celle d'un tombeau où l'enfermée est enterrée vivante. Les anciennes cellules des prisonnières ont été démolies car le régime cellulaire est celui des Maisons Centrales. La recluse est condamnée à l'isolement et au silence. Les effets terribles de ce système pénitentiaire ont été analysés par Edmond de Goncourt, dans « La fille Elisa ». La prisonnière perd peu à peu, avec l'usage de la parole, l'intelligence. Dans « l'état d'idiotie » où elle est tombée, l'héroïne du roman n'a retenu que son numéro matricule qu'elle répète constamment; le suicide, la folie sont les effets ordinaires d'une longue claustration pour la plupart des condamnées. Par le travail intellectuel, Louise Michel put s'adapter sans trop de souffrances à ce régime. A Clermont, elle acheva presque ses « Mémoires » parus en 1886 : « Les Microbes humains », édité en 1886, à sa sortie de prison; elle écrivit un roman « Les Prisons » qui resta inachevé et n'a jamais été imprimé; quelques fragments seulement en sont restés, d'autres manuscrits perdus ont vu le jour dans la cellule 26 aujourd'hui disparue. Dans les Souvenirs et Aventures de ma vie, Louise Michel nous en a laissé la description avec les impressions de sa première nuit passée à la Centrale de Clermont.

On me donna la cellule 26. Elle était située au premier étage de la prison. C'était un local peu spacieux, on le conçoit, beaucoup plus long que large qui prenait l'air par une fenêtre grillée. Le mobilier était des plus sommaires : un lit de fer avec une paillasse, un traversin et une couverture grise, un poêle calorifère, une petite tablette de chêne fixée au mur, un escabeau de bois attaché par une chaîne.

— Voici votre appartement me dit le gardien qui m'accompagnait... Tâchez moyen de vous mettre au pieu tout de suite. Dans le cas où vous auriez besoin d'appeler, vous n'auriez qu'à déclancher cette petite plaque de tôle, mais vous savez, je vous préviens, ici c'est comme dans les wagons de chemin de fer, si on tire la sonnette d'alarme sans motif, on le paie cher.

Allons... Bonsoir... faites pas de mauvais rêves...

La porte de ma cellule se referma et j'entendis les pas du

geôlier résonner sur les dalles sonores... Un moment par instants, je perçus des bruits de voix dans les couloirs. Des portes claquaient... des verroux grinçaient... Puis le silence se fit... un silence glacial, lugubre... Je me mis au lit mais ne pus m'endormir...

Une lumière brillait dans ma case, et je pouvais distinguer assez nettement les objets qui m'entouraient. Quand on change de prison, j'ai remarqué qu'il se produit toujours un phénomène bizarre. On est en proie à une inquiétude mortelle. Il semble que la captivité apparaisse à ce moment plus terrifiante. Quand on a séjourné quelque temps dans une geôle, on s'habitue à la solitude et l'on trompe les heures en comptant les jours qui restent encore à s'écouler. Mais la première nuit dans une cellule a quelque chose d'affreux... On se dit : « C'est ici que je dois vivre tant de mois, tant d'années séparée du reste des vivants... Et l'on a l'impression d'avoir été enterrée vivante... l'air vous manque... on étouffe... Il semble que les murs se resserrent peu à peu, que le plafond s'abaisse lentement...

Peu à peu Louise Michel s'habitua à sa nouvelle prison et se mit à vivre dans sa cellule la vie active de la pensée. A part, quelques correspondances à coups de tabouret avec ses voisines de captivité, ses relations avec l'humanité vivante se bornèrent au personnel de l'administration pénitentiaire. Moins fortunée que Silvio Pellico, Louise Michel n'eut point toujours à se louer de ses geôliers. Si les religieuses de St-Lazare ou de Clermont ne semblent pas lui avoir laissé de mauvais souvenir, le gardien de prison par contre apparaît surtout dans ses œuvres comme une brute violente, servile, obséquieux devant ses supérieurs, arrogant envers les condamnés et capable de se livrer sur eux à toutes les atrocités s'il est sûr de l'impunité. Partout, dans ses prisons, Louise Michel a vu une haine in-

tense séparer le monde des surveillants de celui
des prisonniers; une lutte sourde de tous les instants entre ces deux catégories d'êtres humains.
Les uns considèrent les autres comme une
sorte de gibier malfaisant qu'il faut traiter sans
pitié, nous dit-elle, et les prisonniers malmenés
ne peuvent voir que des bêtes féroces dans leurs
geôliers; ces conflits se terminent souvent d'une
façon tragique, lorsque le directeur de la prison
a l'habitude de couvrir ses subordonnés, les gardiens peuvent se livrer sur le captif sans défense
à toute leur fureur et dans l'ombre du cachot le
torturer juqu'à la mort. Bien des infamies et des
meurtres ont dû naturellement s'accomplir avec
le système de la terreur qui sévissait dans les
prisons sous l'Empire; le personnel de l'administration pénitentiaire à qui on recommandait
surtout d'avoir de « la poigne » porte encore
sous la République de 1883 la marque de son
origine et de sa formation. Traité lui-même en
esclave par ses supérieurs, sans aucune garantie
contre l'arbitraire, ce personnel était porté instinctivement à abuser de sa force envers ceux
que le sort livrait à son pouvoir. Avec l'autorité
absolue, les conditions de vie du gardien contribuaient à faire de lui cette sorte de monstre moral, que Louise Michel nous peint dans ses Mémoires.

Généralement de corps vigoureux, désœuvré,
le surveillant souffre de l'inaction. Illettré, il
manque de distraction, l'ennui de la prison pèse

autant sur lui que sur le prisonnier. Dans cet
état morbide, la sujétion des bas instincts devient
puissante et peu à peu se développe en lui, le
plaisir de faire souffrir le condamné méprisé et
détesté. Lorsque les détenus sont de sexe féminin, la bestialité du mâle s'exagère encore par la
déviation de l'instinct sexuel.

La persécution d'une femme a plus d'attrait
pour le garde-chiourme que celle d'un homme;
sa faiblesse physique excite la brute à qui une
résistance virile impose quelquefois le respect,
aussi les femmes sont-elles en général plus mal-
traitées que les hommes par leurs gardiens. Le
mépris de l'homme pour la femme s'ajoute dans
leur cas au mépris de la prisonnière et s'exerce,
sans compter les autres sévices, par des rail-
leries et des sarcasmes particulièrement irritants
pour la sensibilité féminine « Amenez-moi par
ici toute cette volaille »; « Conduisez-moi ça sous
le préau » crie le gardien-chef de Clermont lors
de l'arrivée du convoi de St-Lazare. Une prisonnière célèbre comme Louise Michel, que l'imagination populaire enveloppait d'une atmosphère
de terreur, devait être une distraction puissante
dans le monde des geôliers. Tenir sous sa domination une telle femme! Pourvoir enfin la mâter,
se présentait comme une jouissance rare dans
l'ennui de la vie de la prison.

Pour beaucoup de fonctionnaires de l'administration pénitentiaire, anciens combattants
dans l'armée versaillaise, cette jouissance se dou-

blait du plaisir de la vengeance. Comme Jeanne d'Arc, Louise Michel était tombée aux mains de ses ennemis et devait supporter comme elle les moqueries, les injures, les tortures de l'âme et du corps. Ecoutons-la nous raconter sa réception à la prison de Clermont.

Les prisonnières viennent de donner leur nom pour être inscrites sur le registre d'écrou.

Quand je déclinai le mien, je sentis tous les regards se braquer sur moi. « Louise Michel ! Louise Michel ! s'écria le surveillant-chef qui assistait aux formalités d'écrou mais je croyais que les Canaques l'avaient dévorée en Nouvelle-Calédonie. Tournez-vous donc un peu qu'on vous voie. Vous êtes bien la pétroleuse de 1871 n'est-ce pas ? » Je jugeai inutile de répondre. Et bien quoi, vous avez la langue gelée ? Répondez donc à ma question. Etes-vous la Louise Michel que tout le monde connaît, celle qui a mis Paris à feu et à sang, la révolutionnaire quoi ? »

Oui, répondis-je la révolutionnaire c'est moi.

— Ah ! bigre de bigre, gronda le surveillant. Je regrette bien de ne pas vous avoir tenue au bout de mon fusil quand j'étais dans les troupes de Versailles. Aussi vrai que je m'appelle Gorenflot je vous aurais abattue comme un canard sauvage — et avec plaisir encore — A t-on jamais vu une femme se mêler de politique et de la sale politique encore ! — Où allons-nous ? — Bon Dieu où allons-nous ?

Le lendemain la persécution de Gorenflot commence, le gardien-chef insulte la prisonnière, va jusqu'à la tutoyer, au mépris du règlement il veut l'obliger à exécuter des travaux auxquels elle ne doit pas être astreinte : « Je la mâterai, s'écrie-t-il, quand je devrais y perdre mon nom. » Louise Michel reste calme et refuse de se plier aux caprices du tyran. Un directeur intelligent et bon fait cesser pendant quelque temps ces odieuses vexations, mais ce directeur prend un congé et il est remplacé par le capitaine Servin. Ancien officier de Versailles, blessé à Auteuil dans la lutte contre la Commune, il a été amputé du bras gauche. Il ne pardonne pas aux Communards la perte de son bras et nourrit contre eux une haine terrible.

Louise Michel dans ses « Souvenirs et aventures de ma vie » nous fait le récit des persécutions qu'elle eut à subir sous sa domination ; les gardiens ne la nomment plus que Madame la pétroleuse. Madame l'incendiaire. C'est à qui inventera une vexation nouvelle pour mâter la révolutionaire » Un surveillant qui n'a pu venir à bout de sa patience en lui faisant balayer cinq ou six fois de suite sa cellule, déchire à la fin son journal en petits morceaux et les répand sur le plancher. « Balayez encore ça, ça vous fera la main, » lui dit-il ironiquement. « Imbécile », répond Louise Michel exaspérée. Immédiatement le gardien fait un rapport au directeur où il accumule mensonges sur mensonges; il accuse la prisonnière de l'avoir battu, injurié, de l'avoir appelé bandit et cochon. Le directeur est naturellement sourd aux dénégations de la détenue. « Entre votre parole et celle de cette énergumène » je n'hésite pas, dit-il au gardien et il inflige un mois de cachot à Louise Michel.

Dans cet horrible *in pace*, les persécuteurs

vont jusqu'à lui mettre la camisole de force.
Immobilisée dans l'ombre, la captive endure un
véritable martyre pendant que ses bourreaux
ricanent. La prisonnière dès lors complètement
à la merci de ses ennemis s'attend à tout de leur
part.

L'arrivée du directeur en titre de Clermont
heureusement met fin à ses souffrances. Réin-
tégrée dans sa cellule, elle reprend, peu à peu
sa vie ordinaire, quant un événement inattendu
vient de nouveau la plonger dans le désespoir.
Un fragment de journal trouvé dans le couloir
lui apprend que le choléra est à Paris. Louise
songe à sa mère, une affreuse inquiétude l'envahit. Spontanément elle écrit au ministre de
la Justice pour demander son transfert à St-Lazare la touchante lettre suivante.

21 novembre 1884.

Monsieur le Ministre,

Je n'ai que ma mère au monde.

Si je pouvais élever la voix, mes plus cruels ennemis deman-
deraient pour moi vu les circonstances présentes un transfè-
rement immédiat à Paris — puisque d'un instant à l'autre elle
peut doublement m'être enlevée. Je ne demande ni visites
ni lettres dans la prison où on me mettra, mais je serai à Paris
respirant le même air et ma mère me saura là.

Recevez Monsieur le Ministre l'assurance de mon respect.

Louise Michel, n° matricule 1327.

Huit jours se passèrent sans que Louise reçut
de réponse; elle apprit pendant ce temps que sa

mère était très malade; elle écrivit alors plusieurs autres lettres où pour essayer d'apitoyer l'administration, elle rappelait qu'elle était venue se remettre loyalement entre les mains des juges; elle offrait d'aller en Nouvelle Calédonie et comme au bout d'un mois, la réponse n'arrivait toujours pas elle envoya enfin la lettre suivante.

MONSIEUR LE MINISTRE,

Je n'ai point de réponse et n'en n'aurai probablement jamais. Qui sait pourtant si dans le temps où nous vivons un de vos petits-fils dans la même situation ne regrettera pas que vous n'ayez pas répondu.

Quelque temps après Louise Michel fut transférée à St-Lazare, et un matin deux agents de la sûreté vinrent la prendre et la conduire près de la malade; ils s'installèrent dans le logis et aidèrent la prisonnière à soigner sa mère jusqu'à ses derniers moments. Le 2 janvier 1885 Marianne Michel expirait. Louise douloureusement frappée dut regagner St-Lazare pendant que le peuple de Paris le 5 janvier faisait à la morte des obsèques imposantes. Quelque temps après la prisonnière revenait à Clermont anéantie par sa douleur.

Je demeurai sans force, sans volonté! Une grande dépression morale s'était emparée de moi. Quand on me jeta de nouveau dans ma cellule j'y entrai presque avec plaisir. J'aurais maintenant souhaité toujours vivre dans cette pri-

(1) *Souvenirs et Aventures de ma vie.*

son... L'avenir était mort pour moi, je ne voulais plus revivre que le passé. J'avais apporté une photographie de ma pauvre mère. Je la fixai au mur de ma cellule, près de mon lit et l'entourai de quelques fleurs que j'avais prises sur le cercueil de la chère disparue... Et je restais des journées entières devant ce portrait, parlant à haute voix... prodiguant à la morte les plus douces paroles. Je vivais en une contemplation béate sans nul souci de ce qui se passait autour de moi... Combien de jours restai-je dans cet engourdissement moral, je ne m'en suis jamais rendu compte.

Le directeur de la prison fut très humain; il s'efforça d'apporter à sa douleur tous les adoucissements possibles puis comme ses forces physiques déclinaient, on lui fit prendre des fortifiants; peu à peu, la maigreur ascétique où elle était tombée disparut, ses forces revinrent et Louise put de nouveau écrire dans sa cellule.

Le gouvernement ému des manifestations de sympathie pour l'héroïne qui s'étaient déroulées dans le cimetière de Levallois-Perret désirerait secrètement lui faire grâce. Au moment du 14 juillet le directeur lui fit part de ces intentions. Fièrement Louise Michel refusa : « Je ne veux rien accepter des hommes qui nous gouvernent, répondit-elle au directeur.

« En me graciant, mes bourreaux voudraient se faire pardonner leur crime et moi je veux leur laisser tout le regret et toute la honte de leur mauvaise action. »

J'ai été condamnée à six ans de réclusion et prétends subir ma peine jusqu'au bout.

Et Louise s'indigne dans ces Mémoires à cette pensée.

(1) *Souvenirs et Aventures de ma vie.*

Une grâce ! A l'anniversaire de ce 14 juillet où, il y a deux ans, on m'emmena de Paris où elle me crut pendant un an !

Qu'ai-je fait à ceux qui me croient capable de la recevoir?

C'est si peu de chose qu'une femme, qu'ennemis comme amis, sont toujours heureux de lui faire un sort avilissant, même quand ils savent, aussi bien les uns que les autres qu'elle ne faiblira pas,

Ecrit-elle amèrement.

Au mois de janvier 1886 au moment de l'accession de Freycinet au pouvoir la grâce arriva officiellement à Clermont. Louise Michel la refusa de nouveau. Le directeur embarrassé lui déclare qu'il se verra dans l'obligation de la faire expulser de la prison si elle ne veut pas en partir librement et la fière détenue est obligée de céder.

(2) Au fond j'étais furieuse d'être obligée d'accepter une grâce que je n'avais pas sollicitée... et que mes amis pourraient trouver singulière.

Enfin je me tins ce raisonnement qui fit évanouir mes derniers scrupules. En prison... je suis inutile... je ne puis rendre service à mon parti... Libre je pourrai recommencer mes tournées de propagande et ruiner un peu plus l'édifice vermoulu de nos gouvernants. S'ils s'étaient imaginés me museler avec une grâce, ils s'étaient singulièrement trompés. Je ne leur devais aucune reconnaissance puisque j'avais été condamnée sur de simples présomptions et sur le témoignage de gens intéressés. En m'envoyant en prison les juges avaient commis une lâcheté... tant pis pour eux et pour ceux qui leur avaient donné des ordres.

Et Louise Michel quitte la Centrale de Clermont pour reprendre son apostolat révolutionnaire un moment interrompu.

(1) *Mémoires.*
(2) *Souvenirs et Aventures de ma vie.*

LOUISE MICHEL
(1833-1905)
d'après une eau-forte de A. J. Alexandrovitch

CHAPITRE VII

Dernières années

*Les dernières années. L'affaire Lucas. La vie
en Angleterre.*

Le retour à la liberté fut douloureux. Après
la visite au logement de la chère morte, l'évocation en foule des souvenirs tendres du passé,
le pèlerinage au cimetière de Levallois-Perret
sur la tombe de la disparue, Louise Michel
s'abandonna tout d'abord à son immense tristesse. « Pendant plusieurs jours, je fus comme
une convalescente qui relève d'une longue et
douloureuse maladie », nous dit-elle. L'esprit
hanté constamment par l'image de sa mère,
elle se sentit ensevelie dans une sorte de tor-
peur. L'affection de ses amis calma son désespoir mais ne le détruisit pas complètement.
L'âme encore tout endeuillée elle écrit en 1886
la dédicace de ses Mémoires à ses deux chères
mortes : sa mère et son amie Marie Ferré.

Myriam ! ! !

Myriam ! leur nom à toutes deux :
Ma mère !
Mon amie !

Va mon livre sur les tombes où elles dorment !
Que vite s'use ma vie pour que bientôt je dorme près d'elles !
Et maintenant, si par hasard mon activité produisait quelque bien, ne m'en sachez aucun gré, vous tous qui jugez par les faits : je m'étourdis, voilà tout. Le grand ennui me tient. N'ayant rien à espérer ni rien à craindre, je me hâte vers le but, comme ceux qui jettent la coupe avec le reste de la lie.

Louise MICHEL.

Pour être plus près des tombes de ses morts, Louise vint habiter la petite ville de Levallois-Perret que sa mère aimait. Au 95 de la rue Victor Hugo elle loua un logement composé de trois pièces minuscules de quelques mètres carrés chacune, un ameublement sommaire fut installé et dans ce logis monacal semblable à celui du boulevard Ornano, la révolutionnaire seule maintenant avec ses animaux familiers reprit la vie d'autrefois. Comme autrefois la petite pension d'Henri Rochefort, le produit des romans et des drames de Louise servirent à soulager d'innombrables infortunes et l'altruiste malgré les représentations de ses amis déjeuna trop souvent de salade et de café pour tout menu.

Non contente de partager avec de plus pauvres qu'elle son dernier morceau de pain, la bonne Louise s'épuisait en démarches de toutes sortes pour sauver de la misère une multitude d'individus. Ses anciennes compagnes de St-Lazare ne frappèrent jamais vainement à sa porte et plus d'une dut sa place au plaidoyer chaleureux de l'ancienne détenue politique. Comme autrefois « la sœur de charité laïque » reprit bientôt son ardente propagande révolutionnaire. Dans l'épreuve douloureuse, sa foi et son enthousiasme ont acquis une puissance plus grande. Aucun amour humain ne vient maintenant partager le cœur de la Vierge rouge, qui plus que jamais, appartient tout entier à la révolution. Depuis son entrée en prison, le mouvement d'émancipation du prolétariat avait continué sa marche ascensionnelle; les groupements politiques sans cesse augmentaient le nombre de leurs adhérents. Des sections nouvelles appartenant aux grands partis socialistes, Parti ouvrier français, Parti socialiste révolutionnaire, Fédération des travailleurs socialistes, s'étaient fondées partout. De nombreuses municipalités avaient été conquises. L'organisation de Fédérations d'industrie, les créations de Bourses du travail, contribuaient puissamment au développement des forces du syndicalisme, des groupes anarchistes aussi avaient surgi. L'agitation révolutionnaire était intense, des meetings s'organisaient de toutes parts. Louise Michel se lança dans le mouvement avec une ardeur et une activité presque surhumaines. Pendant plusieurs mois elle fit chaque soir une conférence dans les lieux les plus éloignés, échauffant lentement de sa flamme d'apôtre les foules populaires. Comme autrefois à la sortie des réunions, en face des bandes armées qui veulent l'écharper, elle étonne ses compagnons par son calme serein devant le danger. A Chatou, où elle fut assaillie à coups de pierres dans son compartiment de chemin de fer, à Versailles, la cité réactionnaire où elle faillit périr, à Villejuif, où deux de ses amis furent blessés, partout et toujours héroïque la Vierge rouge méprisant la mort ne songe qu'à communiquer aux masses la foi nouvelle. Son action puissante devait exciter une haine terrible contre elle parmi les représentants du passé. La presse bien pensante la fait figurer alors sous un aspect sinistre. On la caricature en mégère armée d'un énorme couteau toute prête à le plonger dans le sein d'une autre femme qui représente la société et les esprits simples sont frappés par l'image hideuse. En province surtout une légende épouvantable se forme autour de son nom; on se l'imagine comme une sorte de monstre inspirant l'effroi. Voici une conversation de deux commères à son sujet entendue et relatée par elle et qui nous paraît incroyable vu le degré de bêtise humaine qu'elle révèle.

Ma bonne sainte Marie des Anges c'est ale qui passe, j'ai senti le pétrole, on dit qu'ale en a toujours sur elle près d'une tonne.

(1) *Souvenirs et Aventures de ma vie.*

— C'est y bien possible qu'on laisse vivre des gens comme ça.

— Non c'est pas ale, alle n'était pas si grande assise. Non que je vous dis alle a pas son fusil qu'al avait dans l'omnibus;

Tournez pas la tête même Mélanie y se jetterait sur nous...

Faudra faire une plainte aux assises que c'est quasiment un péril social.

Malheureusement Louise Michel allait être victime de cette atmosphère que la presse réactionnaire et les partis conservateurs avaient créée chez les simples autour de sa personne. S'étant rendue au Havre vers le 20 janvier 1888 ce fut une grande rumeur dans la ville après la première conférence de l'apôtre. Plus de deux mille personnes l'avaient acclamée. Les imaginations des fanatiques catholiques s'excitaient à la lecture des comptes rendus de leurs journaux. Quelle puissance démoniaque possédait cette femme capable d'entraîner vers les doctrines du mal tant d'êtres humains! N'était-ce pas Satan lui-même qui parlait par sa bouche, Satan le grand séducteur qui lui donnait ce pouvoir magique sur les foules. Et il leur semblait qu'avec cette « reine des anarchistes » comme quelques-uns l'appelaient naïvement un fléau terrible s'était abattu sur la ville. Allait-on laisser cette envoyée du démon continuer son œuvre infernale ? L'anéantir n'était-ce pas agir dans la voie de Dieu même ? Et c'est alors qu'un complot fut ourdi pour tuer la conférencière. On choisit un pauvre ouvrier alcoolique, à l'esprit borné, Pierre Lucas pour l'exécution. Après lui avoir fait absorber dans divers cabarets de la ville maintes rasades d'absinthe et d'eau-de-vie, on lui donna l'argent pour l'acquisition d'un revolver. Muni de son arme il se rendit le lendemain à la conférence annoncée. Il monta à la tribune comme un contradicteur, annonça aux spectateurs qu'il n'avait tué personne et qu'il ne fallait attendre aucun discours de lui, puis il s'assit sur l'estrade. A peine Louise Michel avait-elle commencé à parler qu'elle fut brusquement interrompue par des éclairs et des détonations; Lucas venait de tirer sur elle deux coups de revolver; l'une des balles se logea dans son chapeau ne lui causant qu'une légère éraflure et l'autre l'atteignit derrière le lobe de l'oreille s'incrustant dans l'os. La foule indignée se précipitant sur le meurtrier allait l'écharper lorsque la blessée toute sanglante l'arracha des mains des spectateurs en s'écriant : « C'est un fou, laissez-le aller »

Lucas fut arrêté, et après un pansement provisoire Louise Michel revint à Paris. Ses amis décidèrent de l'amener à l'Hôpital Beaujon pour que le docteur Labbé puisse lui extraire la balle. Simple et modeste, l'apôtre ne se résoud pas tout de suite à les accompagner. Comme tous les sincères, elle est ennemie de la réclame, elle songe aux politiciens ambitieux et fourbes qui, en de semblables circonstances, ont exploité l'attentat pour se faire une popularité, aussi redoute-t-elle toute mise en scène.

Figurez-vous, dit-elle à un rédacteur de l'*Intransigeant* (venu pour l'interwiever) qu'on veut m'amener à l'Hôpital Beaujon pour me faire voir à M. Labbé.

Me voyez-vous aller déranger ce docteur si tard, faire de l'esclandre et pourquoi? Je ne suis pas Ferry et je ne veux pas paraître plus malade que je ne suis.

— Mais enfin vous êtes blessée. Vous avez une balle dans la tête. Vous ne pouvez pas rester dans cet état.

— Vous portez à mes blessures beaucoup plus d'attention que je leur en accorde moi-même. Rappelez-vous que je ne suis pas une femme, mais une combattante (1).

Paroles admirables dans lesquelles l'âme de Louise Michel avec cette abnégation sublime qui toujours a dominé sa vie se révèle tout entière. Aussi vaillante devant la douleur physique que devant le danger, Louise laisse à l'Hôpital Beaujon, ses amis dans la salle d'attente et seule se dirige vers le chirurgien. Indifférente à sa propre souffrance, aucune appréhension de l'opération à subir ne la trouble. Dans les interviews des journalistes on constate qu'une seule pensée préoccupe toujours la blessée : essayer par tous les moyens possibles de sauver son agresseur :

Au lieu de vous occuper de moi comme vous le faites, dit-elle à un reporter, réservez-donc un peu de pitié et de sollicitude pour la femme de ce malheureux Lucas qui au Havre se trouve peut-être sans pain et sans ressources. Il faut que vous tiriez ce fou des mains de la Justice et que vous empêchiez les siens de souffrir de la misère. Tel doit être le rôle de la presse (2).

(1) *Intransigeant*, du 28 janvier.
(2) Interwiew de l'*Intransigeant*.

Pour consoler et réconforter la femme de Pierre Lucas elle lui écrit :

MADAME,

Apprenant votre chagrin, je désirerais vous rassurer. Soyez tranquille, comme il est inadmissible que votre mari ait agi avec discernement, il est par conséquent impossible qu'il ne vous soit pas rendu.

Ni mes amis, ni les médecins, ni la Presse de Paris, sans oublier celle du Havre, ne cesseront jusque-là de réclamer sa mise en liberté. Et si cela tardait trop, je retournerais au Havre et cette fois ma conférence n'aurait d'autre but que de réclamer cette mesure de justice. Toute la ville y serait.

Louise MICHEL.

De sa prison, Pierre Lucas lui exprime ses regrets et la prie d'intercéder pour lui auprès des juges et Louise lui répond l'admirable lettre suivante.

MONSIEUR LUCAS,

Votre lettre m'a fait grand plaisir, elle prouve une fois de plus que nous avons eu raison de vous considérer comme ayant eu une hallucination et par conséquent comme ne pouvant être jugé.

Du reste je vais bien et mon plus grand désir est que vous soyez rendu à votre famille. Ce sera justice et nous espérons que ce sera bientôt. Prenez donc courage.

Louise MICHEL.

Et Louise, pour sauver Lucas, multiplie les démarches; elle écrit au docteur Charcot pour essayer de l'intéresser à l'homme qui a voulu la tuer, elle demande à tous les journalistes de le défendre, elle lui choisit elle-même un avocat de talent Me Laguerre et finalement le fait acquitter. Une telle attitude devait nécessairement provoquer l'étonnement général. N'était-

ce pas en effet un spectacle tout à fait extraordinaire de voir, en Cour d'Assise, une victime
réclamer avec ardeur au nom de la justice, la
mise en liberté de celui qui avait failli être son
meurtrier? Et cette victime dépassant même les
plus purs préceptes du christianisme, aimant
son ennemi plus qu'elle-même, se dévouant
pour lui, insouciante de sa propre blessure,
cette victime qui ressuscitait les actes des saints
d'autrefois par sa charité ardente était une
« athée et une révolutionnaire! » On peut se représenter le trouble jeté dans les esprits et les
consciences sincères, attachés au passé par le
geste de générosité magnifique de l'anarchiste!
Ce geste qui rencontra tant de stupeur et d'incompréhension au moment où il se produisit,
s'explique lumineusement par les doctrines
même et l'état d'esprit de celle qui l'a fait
Déterministe sincère et logique, considérant
l'homme comme un produit d'influences diverses, Louise Michel applique sans cesse les méthodes d'investigations scientifiques dans le domaine moral; au lieu de juger comme la plupart des gens, l'effet en lui-même, elle recherche tout d'abord les causes qui l'expliquent. Au
lieu de s'indigner simplement devant « une
monstruosité morale » son esprit critique en étudie la genèse et la formation, et la clarté ainsi
projetée sur les choses humaines, l'incline
vers plus d'indulgence et de véritable justice.
Au lieu de haïr le monstre pour la monstruosité

comme le fait le vulgaire, la déterministe cherche la cause de cette monstruosité et s'attaque à elle. Le suicide lui semble préférable à la prostitution, mais au lieu de mépriser comme on le fait ordinairement par préjugé « la fille de St-Lazare », au lieu de faire injustement grief à la victime de sa dégradation, Louise Michel réserve avec beaucoup plus de justice son indignation pour la vraie responsable : la Société. Créée par la réflexion, cette habitude de juger autrui dans un esprit de vérité et de justice est si profonde chez Louise qu'elle devient comme une sorte d'instinct intellectuel; au moment de l'attentat de Lucas, alors que ses amis indignés cherchent spontanément à appliquer à l'agresseur la loi du talion, la blessée, d'un sang-froid admirable, devant ce colosse au front têtu, au visage de brute, discerne tout de suite le fanatique ignorant. C'est l'idée de l'irresponsabilité de Lucas qui la domine lorsqu'elle crie : « C'est un fou, laissez-le aller. »

Ce premier jugement s'affirme de nouveau et se précise dans le calme.

« Ce Lucas me fait pitié, c'est une victime et non un coupable. Victime de son tempérament usé par la boisson et aussi victime des misérables qui ont abusé de sa naïveté pour lui monter la tête contre moi (1).

Et dans sa lettre à M⁰ Laguerre, la déterministe en essayant de reconstituer les motifs qui

(1) Interview d'un rédacteur de l'*Intransigeant*.

ont poussé Lucas à accomplir son acte prépare elle-même le plaidoyer de l'avocat (1).

Les effluves chaudes d'une salle bondée de monde, les idées qu'il ne comprenait pas tourbillonnant devant lui ont dû l'hypnotiser. Son Dieu dont je nie l'existence, les calomnies, que répandaient des drôles que je vivais, aux dépens du peuple ont révolté son fanatisme et son honnêteté d'homme de l'âge de pierre.

Le travail qui se faisait dans son lourd cerveau devait aboutir à ce qu'il a fait. C'est un être d'une autre époque à qui les idées prises toutes vives à notre époque de transition ont donné cet instinct brutal et faux.

Nous en verrons bien d'autres par le temps qui court. Je crois être dans le vrai en disant que la science ne serait qu'un mensonge si elle ne servait pas à nous rendre plus justes envers les irresponsables.

Louise Michel.

Éclairée par la science, la conscience de la révolutionnaire s'élève bien haut au-dessus de la vieille maxime judaïque « œil pour œil, dent pour dent » qui apparaissait autrefois comme l'ultime forme de la justice. La vindicte sociale, telle qu'elle existe actuellement dans nos sociétés, se rapproche encore trop à son gré de la barbarie primitive. Pour la déterministe qui rejette bien loin, la vieille idée religieuse d'expiation, la punition sociale ne fait qu'ajouter un mal à un autre mal et ne compense rien. Les souffrances que Lucas subira en prison ne guériront pas la blessure de Louise. D'ailleurs tout coupable, s'il n'est pas une victime de l'organisation sociale, est un malheureux qu'il faudrait amender et non châtier et la révolutionnaire

(1) Lettre publiée par l'*Intransigeant* (extraits).

qui sait par expérience que la prison, cette Université du crime comme l'appelait Kropotkine, n'est point l'hôpital moral que rêvent pour l'avenir bien des esprits modernes. La prison ne fera pas du primitif un civilisé, elle réduira à la misère la femme et la fille du délinquant qui toutes les deux sont des innocentes.

Lucas est d'ailleurs un irresponsable. On ne punit pas un fou; il est irrationnel de vouloir juger selon l'esprit des sociétés modernes un être humain qui représente « l'homme des cavernes ». Et c'est ainsi que, pour accomplir un devoir de justice envers celui qui a voulu la tuer, Louise Michel se dévoue pour le sauver. Dans cette conscience illuminée par l'esprit scientifique moderne, l'ultime forme de la justice est devenue la charité ardente.. Après avoir fait acquitter Lucas, la victime comme pardon suprême, idéalise la brute sauvage qui a failli l'assassiner et nous le présente tout enveloppé de poésie dans les beaux vers suivants :

A Lucas

Ce fils des côtes d'Armorique
Des côtes où hurle la mer
S'en allait songeur et mystique
Par les grands vents, au souffle amer;
Voyant l'océan redoutable
La terre aux pauvres implacable
Et sans rien pour les consoler.

****

Sentant le noir remous des foules
Son cœur se mit à déferler,
Sans comprendre les grandes houles
Que nous laissons nous emporter

Toutes les colères muettes
Qui s'amoncellent en tempête
L'enveloppent pour le frapper.

*
* *

Ses aïeux de l'âge de pierre
Sous la lune au pied des peulvans
Allant la nuit par la bruyère
Lui parlaient dans les flots grondants ;
Nos choses pour lui sont des rêves,
Laissez-le sur ses sombres grèves,
Ses grèves où pleuvent les vents.

*
* *

Pour nous cet homme est un ancêtre
Du temps de l'antre au fond des bois,
Pour le juger il faudrait être
De ceux qui vivaient autrefois.

Échappée au revolver de Lucas, à la Cour d'assise devant laquelle elle est traduite avec Jules Guesde et Paul Lafargue pour avoir soutenu en 1886 les grévistes de Decazeville, Louise Michel continue sa propagande révolutionnaire. Son ardeur à soulever les foules terrorise le ministre de l'Intérieur, Constans, qui veut se débarrasser d'elle à tout prix. Un abominable complot se trame contre l'apôtre. Louise apprend qu'on veux l'interner dans une maison d'aliénés. Jugeant le gouvernement incapable de reculer devant une telle infamie, la révolutionnaire quitte la France et à partir de 1890 va vivre en Angleterre.

Asile classique de tous les persécutés de la pensée, l'île brumeuse offrit à l'ennemie de Constans, la même large et généreuse hospitalité dont jadis au xviiie siècle Voltaire avait

déjà profité et ce fut avec le même élan
d'enthousiasme et de reconnaissance qu'à un
siècle de distance, les deux exilés célébrèrent
la liberté anglaise après avoir souffert dans
leur pays natal l'odieux abus de la force. Les
premiers mois passés sur la terre étrangère furent d'abord pénibles. Plongés brusquement à
l'entrée de l'hiver dans l'épais brouillard hu-
mide et noir de Londres, qui souvent enveloppe
la ville de ténèbres, les deux Français éprou-
vèrent chacun à son tour le « spleen » cette mélancolie qui lentement envahit l'âme dans
l'atmosphère de deuil et de tristesse répandue
partout par le « fog ». Voltaire, le grand railleur s'étonnait de même de ne plus pouvoir rire
au bord de la Tamise et regardait avec stupeur
les mines guindées de ses voisins, leurs visages
sévères prêts aux résolutions désespérées. Après
lui, Louise Michel dans les longues journées
pluvieuses et froides de novembre, se sentit
étreindre plus fortement que jamais sous ce
ciel sombre par l'immense désespoir qui toujours avait flotté sur sa vie. Mais l'énergique révolutionnaire qui a subi les épreuves de la prison et du bagne, qui a vu disparaître dans la
tombe ceux qu'elle aimait le plus, résistera facilement au climat londonien. Pour se défendre contre la nature, contre ce linceul de tristesse mortelle qu'elle étend en hiver sur les
êtres comme sur les choses, les Anglais ont
trouvé la douceur du « home ». Louise qui

pendant si longtemps vécut solitaire dans la paillotte de la Nouvelle-Calédonie ou dans la cellule de la Maison Centrale, eut dans le brouillard britannique son foyer. Au sud de Londres, à East Dulwich, presque à la campagne, dans un petit cottage, à un étage, en briques rouges, entouré d'un jardinet, la combattante un instant en repos, goûte la quiétude et le charme de la vie de famille avec son amie Charlotte Vauvelle, le père, le frère de celle-ci, et les animaux domestiques aussi choyés dans la maisonnette londonienne que jadis dans le château de Vroncourt. Pénétrons nous-mêmes dans ce petit intérieur anglais à la suite de M. Charles Malato, en visite chez sa coreligionnaire politique (1).

Je me trouvai au seuil du logement de Louise Michel : une grande pièce meublée de la façon la plus modeste. Un large lit sur lequel ronronne un chat, une table ronde surchargée de journaux, un buffet, quelques chaises et c'est tout. Pas de lambris même en simili or ; la route de la Révolution ne mène pas à la fortune comme celle de la politique.

Vive l'anarchie ! A bas Constans !

Tels furent les mots qui saluèrent notre entrée. J'allais tendre la main au coreligionnaire lorsqu'un coup d'œil qui me le fit découvrir m'arrêta. C'était un perroquet gris mélancolique et déplumé, qui, converti au démagogisme le plus effréné, sous l'irrésistible influence du milieu, avait jugé bon de transformer son perchoir en tribune.

Ce perroquet, qui a du reste conservé toutes mes sympathies me rappela par ses allures certains orateurs de réunions publiques. J'allais pour capter ses faveurs lui donner des nouvelles du mouvement révolutionnaire, lorsqu'une énorme chienne à poil noir vint opérer, en grondant une reconnaissance autour de moi. Sans doute rendue méfiante par les vicissitudes me prenait-elle pour un suspect. Allons Fathma ! — Ne faites pas attention, elle est presque aveugle...

(1) *Les Joyeusetés de l'exil*. Charles Malato.

Sur ces entrefaites Louise Michel arrivait. Cordiale accolade et nous causons.

Toujours vaillante et solide, un peu courbée cependant et la chevelure plus grisonnante qu'avant son exil — ce qui n'a rien que d'assez naturel — la proscrite a conservé la même foi en l'avenir, la même impassibilité sereine. Figure étrange, qui semble appartenir non à notre prosaïque époque, mais au passé ou à l'avenir. Traversant la vie — vie de luttes, de déportation, d'emprisonnement, de proscription et d'incessant apostolat — enveloppée dans son éternelle robe noire comme dans un drapeau de désespoir et de révolte, Louise apparaît en quelque sorte une Velléda de la Sociale. Et chez cette ardente internationaliste dont l'esprit plane trop haut pour s'attarder aux tristes et mesquines rivalités des peuples, le vieux sang gaulois fermente et bouillonne.

Telle je l'avais connue treize années auparavant sous le tropique du Capricorne, telle je la revis le 4 avril 1892 par 0 degré de longitude, méridien de Greenwich et cinquante et un degré trente minutes latitude nord — Nouméa, Paris, Londres, peu importe au révolutionnaire — à celui qui ne lutte pas pour se rallier un jour, dans des conditions avantageuses — tous les chemins pour lui, ne mènent-ils pas à Satory?

A Londres comme en Nouvelle-Calédonie, Louise Michel a gardé son ardente curiosité intellectuelle, bon remède contre le spleen. Un monde nouveau à découvrir se présente devant elle. Le goût de l'exploration qui l'avait conduite jadis chez les cannibales d'Océanie renaît encore plus fortement en Angleterre. N'est-ce pas dans cette ville brumeuse que la pensée du maître de sa jeunesse se forma? Initiée sur les genoux du grand-père au culte de Voltaire, la jeune fille s'est nourri l'esprit de ses œuvres, à Vroncourt, et maintenant les lectures d'autrefois revivent en elle et reprennent un intérêt d'actualité. Il y a un siècle le grand exilé découvrit en Angleterre, Bacon, le père de la philosophie expérimentale et Locke et Newton qui lui ouvrirent des horizons nouveaux. Un système politique différent de celui de la France, des institutions, des mœurs jusque-là inconnues pour lui, un art démocratique avec Shakespeare, s'offrirent à ses méditations, et ce fut dans ce vieux Londres du XVIIIe siècle qu'il forgea ses armes spirituelles qui devaient saper les bases de l'édifice social et politique de l'ancienne France. Au XIXe siècle la pensée humaine s'est internationalisée; les philosophes et les savants ont vu leurs œuvres traduites et rapidement connues de tous les peuples, mais Louise depuis longtemps familière avec Darwin, Spencer, et tant d'autres génies britanniques, sait que la tradition anglaise a conservé intactes des institutions et des mœurs du temps de Voltaire, qu'elle a gardé l'originalité même de la nation, aussi est-elle avide de connaître ce milieu dans lequel elle va vivre. Londres qui lui paraît tout d'abord « une ville étrange et mystérieuse » l'attire particulièrement. Elle la parcourt en tous sens, au milieu de gens affairés qui vont et viennent, des cabs, des omnibus, elle est frappée de son activité silencieuse. « De ce flot humain qui monte et descend sans cesse, pas une voix ne s'élève » écrit-ellle et le bruit de Paris, les querelles, les insultes des cochers, les cris, le tapage des rues lui reviennent à la mémoire. Modernisée par ses moyens de locomotion rapides, son immense mouvement commercial,

la capitale anglaise reste encore moyenâgeuse
par la distinction extérieure des classes sociales
parquées chacune dans un quartier différent.
Dans le West End, réside l'aristocratie anglaise
et Louise traverse les larges rues bordées de
maisons monumentales avec leurs décorations
doriques ou corinthiennes, leurs grilles du rez-
de-chaussée et leur balcon en fer forgé du premier étage, presque toutes à peu près semblables et qui semblent refléter la froideur et la
puissance des dominateurs d'une partie du
monde. A Islington et à Holloway, le quartier
de la petite bourgeoisie, des employés et ouvriers aisés, l'étrangère est étonnée de l'unifor-
mité de la longue file des maisons en briques
rouges à deux étages avec un petit jardinet devant, toutes exactement de mêmes dimensions.
Et dans l'East End, l'est de Londres, Whitechapel et le Wapping; l'enfer social de la métropole britannique lui apparaît dans toute son
horreur, avec ses rues fétides et étroites, ses
sombres et humides passages, tout son étalage
de vice et de misère. Au centre de la ville, la
Cité, ses bureaux, son monde d'employés et
d'hommes d'affaires qui à l'heure du « dinner »
se déverse en cohue dans les restaurants et les
rues, lui semble vraiment avec son activité fébrile le cœur de Londres. Dans ses pérégrina-
tions à travers les divers quartiers de la ville,
Louise Michel a été frappée de la politesse et de
l'obligeance du policeman anglais, la révolu-

tionnaire qui a connu la brutalité, l'insolence et la mauvaise foi des agents de police en France, s'arrête tout étonnée dans les rues de Londres pour regarder le vigoureux fils d'Albion prendre délicatement le bras d'un vieillard ou d'un enfant pour l'aider à traverser la rue.

Qui n'a pas vu un policeman dans l'exercice de ses fonctions ne peut se faire une idée de la bienveillance et de la persuasion qu'il déploie pour inviter un ivrogne à rentrer chez lui au lieu de se donner en spectacle dans la rue, écrit-elle. Le vieux droit « d'habeas corpus » est toujours vivant dans le Royaume-Uni.

On est stupéfait quand on a vécu quelques temps en Angleterre de voir avec quel respect est traitée la liberté individuelle. » C'est ainsi que Louise Michel résume ses impressions sur le pays d'outre-Manche. Comme H. Taine l'esprit de justice des tribunaux anglais l'a frappée. Victime d'une dénonciation calomnieuse, elle a été tout étonnée après son acquittement de se voir allouer une indemnité. Elle admire le principe de la loi anglaise qui veut qu'un accusé doit être tenu pour innocent tant qu'il n'est pas prouvé qu'il soit coupable (1).

De l'autre côté de la Manche on n'incarcère pas un homme comme chez nous sans motifs, sans preuves. Il faut que le délit soit bien et dûment constaté! On se livre à une minutieuse enquête, on recueille tous les témoignages possibles et quand on a acquis la preuve que l'accusé est bien coupable on le fait comparaître devant ses juges et on a même soin de lui dire « Accusé... prenez bien garde de dire quoi que ce soit

(1) *Souvenirs et Aventures de ma vie.*

de contraire à votre défense. Quelle différence entre les tribunaux anglais et les nôtres ! !

Chez nous dans les chambres correctionnelles pour ne parler que de celles-là, les juges somnolent béatement sur leurs sièges. Seuls les substituts, vigilants chiens de garde de la justice, demeurent éveillés et trouvent encore l'énergie de faire quelques effets de manchettes en présence de l'auditoire et de requérir avec dans la voix des trémolos d'indignation, contre les épaves qui gisent sur les bancs du prétoire. Malheur au prévenu qui se lève pour protester contre la déposition d'un agent et risque ainsi de prolonger l'audience ! Un mot du président, mot sec et cinglant comme un coup de fouet, met fin à toute discussion. Après un bredouillement qui ressemble à une psalmodie d'officiant... quelques feuilles froissées, le délinquant en a pour six mois ou un an... La cause est entendue... A un autre !... Et l'autre est expédié aussi rondement que ses confrères en infortune. Les délinquants se succèdent avec la rapidité des images cinématographiques. Le tribunal chez nous ressemble à une espèce de mécanique sinistre, à un engrenage à broyer les pauvres... à un moulin à condamnations dans le genre du moulin à prières des Chinois... à un distributeur automatique de peines afflictives.

Et l'on s'en va le cœur serré en songeant qu'il est impossible que dans ce défilé de misérables il ne s'en trouve pas d'excusables, d'irresponsables, de dignes de pitié, d'innocents même comme le Crainquebille d'Anatole France (1).

Au malheureux vagabond qui erre sans toit et sans pain, les lois françaises n'offrent d'autre asile qu'une prison infâme. En Angleterre, une institution a été créée pour les sans emploi, c'est le workhouse, la maison de travail. Louise Michel en loue hautement le principe et félicite les Anglais d'avoir songé pratiquement à soulager la détresse humaine au lieu de forger contre elle des sanctions pénales, mais les défauts des hommes tranforment en ce qu'il y a de pire les meilleures institutions. L'étroi-

(1) *Souvenirs et Aventures de ma vie.*

tesse d'esprit, la morgue hautaine, la sécheresse
de cœur de maints dirigeants qui ont fait, de
ces établissements des bagnes, expliquent l'im-
popularité des workhouses en Angleterre. Les
pauvres généralement en ont horreur. Par hasard Louise Michel a visité des workhouses
exceptionnels où la plus grande liberté était
accordée aux pensionnaires; les administrateurs
pénétrés de l'esprit nouveau avaient remplacé
en eux le vieux rigorisme protestant par
l'amour de l'humanité et la maison de travail
soudainement était devenue un « home » très
doux où le déshérité, dans l'atmosphère nouvelle de bienveillance et de bonté créée autour
de lui, goûtait un instant de bonheur, oubliant
pour un moment la dureté de sa propre vie.
En écrivant ses Mémoires, Louise revoit un de
ces foyers du pauvre, sans règlement, où l'horloge seule organise la vie. « A l'heure des repas, du travail, des promenades chacun s'en va
librement où il faut comme on va chez soi à son
repas, à son travail, et l'ordre, constate la visi-
teuse est là plus grand qu'ailleurs... » Et les
figures illuminées d'amour humain des créa-
teurs de cet oasis dans la vie des misérables
surgissent brusquement devant l'écrivain (1).

Ah ! vous croyez peut-être Miss M. Miss X. Miss F. que je
vous ai oubliées? Non allez ! Vous croyez peut-être Miss M.
que le livre n'existe plus où vous avez écrit les paroles du

(1) *Mémoires.*

Vieux de la Montagne : Ni Dieu ni Maître? Si je l'ai toujours.
J'ai toujours aussi la chanson de la chemise si bien traduite
en vers français par vous. Sir T. S. (1).

Louise a des trésors d'affection pour ceux qui
partagent sa pitié de la souffrance humaine,
quelle que soit leur situation dans la société.
Au musée Tussand l'ardente anarchiste reste en
contemplation devant l'effigie de la charitable
reine Victoria (1).

On dirait qu'il flotte autour de la reine une atmosphère
de tendresse et de bonté, cette figure de cire est charmante,
elle a quelque chose de gai et de reposant, m'écrit-elle : « C'est
le hasard seul qui l'a placée sur le trône et du moment qu'elle
n'abuse pas de l'autorité que lui confère son titre de reine
nous n'avons aucune raison de la haïr » (1).

Comme Victoria, Louise Michel en Angleterre fait surtout la charité. A peine s'est-elle
familiarisée avec Londres et la langue anglaise
qu'elle se sent particulièrement attirée vers un
quartier spécial : Whitechapel le cloaque de la
misère : « Chaque fois que je m'y suis aven-
turée, j'en suis revenue malade » nous dit-elle
et presque tous les jours Louise y revient.
Domptant sa souffrance, la sœur de charité laïque, parcourt ces puantes ruelles étroites et
sombres peuplées d'enfants demi nus, de femmes que la faim, l'acool et la misère ont défi-
gurées. Elle se mêle au flot de miséreux de
toutes nations qui ont perdu dans la lutte pour
la vie leur volonté d'hommes et qui gisent dans

(1) *Souvenirs et Aventures de ma vie.*

cet enfer social lamentables épaves humaines tenaillées par la faim. Çà et là Louise distribue les pence, les faces terreuses s'éclairent, les yeux brillent de joie et de reconnaissance; tout à l'heure ces malheureux vont pouvoir enfin manger; le marchand de viande de chien approche; on entend de loin son hurlement bizarre. Pour un penny on peut avoir un morceau copieux de cette chair et les affamés se jettent avidement sur ces morceaux sanguinolents qu'ils dévorent crus, puis il s'engouffrent dans les bars pour absorber le verre de genièvre qui doit compléter leur repas. Devant ces scènes les yeux de Louise s'emplissent de larmes. Pour donner dans une journée à déjeuner et à dîner aux pauvres de Whitechapel elle a calculé qu'il faudrait huit mille francs et ses minces aumônes représentent à peine « une goutte d'eau dans l'immensité de l'Océan ». Navrée de ne pouvoir faire plus, elle revient néanmoins périodiquement partager avec les misérables affamés, l'argent qui lui reste. Dans ses Mémoires la révolutionnaire s'excuse de ses gestes de chrétienne dont elle déplore le peu d'efficacité (1).

Je sais que certains s'étonneront que j'ai fait ainsi l'aumône. Pouvais-je agir autrement? Il m'était impossible d'exciter à la révolte les malheureux de Whitechapel. D'un autre côté je ne pouvais pas les laisser mourir de faim (1).

(1) *Souvenirs et Aventures de ma vie.*

Sa réputation de bonté ne tarda pas à se répandre dans le quartier de misère où elle joue le rôle de la Providence. On la surnomme « the good woman » la femme bonne.

Ce qualificatif de bonne femme n'était pas pour me déplaire ; on m'avait si souvent appelée pétroleuse, incendiaire, voleuse et massacreuse !

Cette renommée franchit les limites de l'enfer social de Londres et de temps en temps Louise reçoit de certains membres de l'aristocratie anglaise des dons pour ses pauvres et peut ainsi faire quelques heureux à Whitechapel. Dans les classes dirigeantes britanniques, Louise Michel n'a pas rencontré la haine violente avec laquelle elle a été poursuivie en France. « L'Anglais n'a pas peur des révolutionnaires » nous dit-elle, vantant l'impartialité avec laquelle les journaux les plus conservateurs rendaient compte de ses conférences et la courtoisie parfaite de toute la presse anglaise à son égard. Habituée aux procédés de mauvaise foi ou de violence aveugle des réactionnaires français, la révolutionnaire nous relate dans ses *Mémoires* la curieuse impression qu'elle éprouva en parlant dans un milieu aristocratique anglais du West End.

Je ne citerai pas les noms de ceux ou de celles qui là-bas me témoignèrent de la sympathie. Ceux-là se souviendront de ce soir d'hiver, de cet hiver noir de Londres sur lequel flotte un linceul de brume tombant par gouttes incessantes et tout à coup par larges ondées, un soir glacé dans la grande salle froide, devant l'auditoire correct et froid du grand quartier aux immenses palais sous lesquels les misérables ont des trous pareils à ceux des bêtes ! Je sentis à travers tout cela l'impression de l'honnêteté humaine persistant malgré les maudites entraves qu'on s'est éternellement données. Ceux qui étaient là ne partageaient pas mes croyances, mais ils étaient de bonne foi et je ne sais pourquoi ils me firent, graves et froids comme ils sont, l'effet d'une famille. Alors comme autrefois dans mon enfance à Vroncourt, comme au temps où toute jeune institutrice je m'asseyais chez Mme Fayet sur la pierre de l'âtre en laissant échapper tout ce que j'avais dans le cœur, je me mis dans la grande salle froide à dire les tableaux de ma vie qui passaient devant moi depuis Vroncourt jusqu'à la Nouvelle-Calédonie avec la sensation présente des choses passées.

Un courant intellectuel créé par des romanciers comme Dickens, des poètes comme Shelley, Thomas Hood, William Morris inclinait alors les esprits vers le socialisme. Des membres de la plus haute aristocratie comme Lady Warwick se vouaient à la cause des deshérités; les intelligences les plus éminentes s'unissaient dans la Fabian Society pour répandre les idées nouvelles. Instinctivement Louise Michel sentait la curiosité sympathique qu'excitait sa personne, dans ce public select du West End ouvert à la pensée moderne et qui gravement se disposait à l'écouter.

Mais la révolutionnaire, devant cette aristocratie accueillante, sait garder sa dignité. A un lord qui lui écrit que sa femme serait charmée de faire sa conaissance, elle répond qu'elle est chez elle dans la matinée. A Mme Remington qui l'invite à venir exposer ses idées dans son hôtel moyennant une forte somme comme indemnité de déplacement, elle écrit que pour six pences

(12 sous), cette dame peut aller l'entendre au club anarchiste et satisfaire ainsi sa curiosité.

Dans l'aristocratique Angleterre, le champion de la cause du prolétariat reste éloignée des classes dominantes; ses relations se bornent à quelques proscrits étrangers qu'elle va visiter deux ou trois fois par mois. A Clarence Terrace, près du lac et des bosquets touffus de Regent Park, habite son vieil ami Henri Rochefort. Le célèbre polémiste réunit dans sa luxueuse demeure ornée d'œuvres d'art, une société distinguée de peintres, de littérateurs, de musiciens, de philosophes comme Spencer et c'est une fête intellectuelle pour Louise Michel, que ces visites à son ancien compagnon de déportation dont elle admire l'étincelant esprit. Isolée par sa culture et la supériorité de son intelligence parmi les communards, de la presqu'île Ducos, qui ne la comprenaient pas, la révolutionnaire trouve enfin dans son nouvel exil un homme supérieur par la pensée et par le cœur, un apôtre comme elle et qui lui ressemble étrangement, c'est le prince Kropotkine.

Tous les deux professent le même idéal anarchiste. Des liens d'amitié devaient naturellement se nouer puissamment entre les deux natures si bien faites l'une pour l'autre. Aussi est-ce avec une grande admiration que Louise Michel parle de son collaborateur (1).

J'allais souvent travailler chez Kropotkine. Qui n'a pas vécu dans l'intimité de ce grand savant ne peut se faire une idée

de sa bonté et de sa grandeur d'âme. Kropotkine était respecté
à Londres à l'égal d'un Dieu et des gens qui ne partageaient
pas cependant ses idées étaient obligés de s'incliner devant cet
apôtre de l'humanité. Cet homme qui avait tant souffert dans
sa vie ne pouvait voir souffrir les autres ; il était d'une sensibilité telle que la moindre infortune lui tirait des pleurs. Sa
maison était chaque jour assaillie par des bandes de pauvres
diables qui venaient lui demander l'aumône. A tous Kropotkine donnait quelque chose. Il essayait aussi de répandre
sa belle doctrine dans les cerveaux de tous ces malheureux(1).

Avec Kropotkine, Louise Michel fréquenta en
Angleterre Malatesta, Augustin Hamon, Charles
Malato et une quantité d'autres libertaires. Les
adeptes du nouvel idéal social formaient à Londres une société fraternelle qui avait son siège
social dans Windmill Street au club « Autonomie ». Dans ce local exigu composé d'une salle
de réunion longue et étroite, d'une cantine et
de deux ou trois petites pièces se réunissaient les
réfugiés anarchistes de toutes les nations. Là,
les persécutés presque tous pauvres, oubliaient
la misère de leur existence quotidienne en vivant la vie ardente de l'esprit. Des discussions
passionnées, des concerts où les hymnes révolutionnaires s'exhalant en chœur de toutes les
âmes emplissaient la salle d'un souffle d'épopée, des conférences occupaient les soirées du
club. Les artistes et les littérateurs en exil se
réclamant de l'idéal libertaire étaient naturellement mis à contribution pour organiser ces réunions. De temps en temps pour alimenter la
« Marmite Sociale » qui fournissait aux plus

(1) *Souvenirs et Aventures de ma vie.*

pauvres le repas commun à la cantine du club, le groupe se décidait à donner une grande fête publique avec représentation théâtrale. On louait pour une cinquantaine de francs une ancienne chapelle désaffectée, le Grafton Hall, dans Fitzrog-Square, à l'ouest de Londres et les Londoniens étaient invités moyennant un modeste prix d'entrée au concert, au drame, et même au bal. M. Charles Malato nous a laissé dans ses *Joyeusetés de l'exil*, le programme et le compte rendu humoristique d'une de ces soirées ou un vaudeville de sa composition, *Le mariage par la dynamite*, et une conférence de Louise Michel sur l'art futur, devaient compter parmi les principales attractions. L'auteur du *Coq Rouge*, qui en 1888 avait fait applaudir au théâtre des Batignolles un drame touffu, plein d'indignation généreuse et de pitié profonde, prépara plusieurs pièces pour les fêtes du club Autonomie. Elle fit jouer en Angleterre *l'Ogre et Prométhée*, drame en vers dont nous retrouvons les passages les plus importants dans ses *Mémoires* posthumes.

La vision mythique du titan enchaîné sur son rocher, condamné par Zeus à voir son foie sans cesse renaissant dévoré par un vautour, pour avoir apporté aux hommes le feu sacré, apanage des Dieux, avait hanté avant Louise Michel bien des imaginations. Le profond symbolisme de la légende grecque, les aspirations les plus élevées de la nature humaine qu'elle traduit, avaient

incité maints artistes, poètes ou auteurs drama-
tiques à représenter après Eschyle, les souffrances du bienfaiteur des mortels, victime de sa
propre bonté. Champion éternel de la grande
cause de l'émancipation humaine, Prométhée
reflète à chaque époque l'idéalisme particulier,
au temps, au pays, à l'individu qui en est le
créateur. La Vierge Rouge l'a incarné d'abord
en elle-même avant de le produire sur la scène;
aussi le héros qu'elle nous présente et qui lui
ressemble est-il infiniment intéressant. C'est un
mortel et non un demi dieu éternel qui offre
aux deshérités non seulement sa douleur, mais
ce qu'il a de plus précieux : sa vie même. Aussi
fier et indomptable que son modèle antique en
face des puissances qu'il brave, le Prométhée
moderne qui volontairement a accepté le martyre comme Louise, ne saurait s'émouvoir des
menaces d'Hermès. Devant l'annonce de supplices nouveaux, sa foi le laisserait inébranla-
ble. L'héroïque révolutionnaire a choisi pour
lui une autre épreuve. Sa pensée fait sa force,
c'est elle que les émissaires du Pouvoir vont
essayer d'atteindre. A la place du fils de Zeus,
ce sont les Furies qui dans l'œuvre moderne
viennent vers Prométhée mourant pour jeter le
doute dans son âme et torture suprème, essayer
de le persuader de l'inutilité de son sacrifice.

PREMIÈRE FURIE

Tous tes rêves sont fous et tout dans la nature
Vit de la mort ou sert à quelque autre en pâture

Le lointain idéal qu'ici tu poursuivais
Pour nul être vivant n'existera jamais .
Bien d'autres après toi sur la stérile terre
Comme toi rêveront la fuyante chimère
Du progrès éternel se dérobant toujours
Et rejetant aux nuits les inutiles jours.

SECONDE FURIE

A jamais brilleront des aurores sanglantes
Succédant à des nuits de pâles épouvantes ,
Jamais nul ne verra tout ce que tu croyais ,
Sache le bien, jamais ! jamais ! jamais ! jamais !

Prométhée regarde l'horizon sans répondre — la Furie
continue.

Tu peux chercher au loin par les immenses plaines
L'avenir est fermé pour les races humaines
Écoute de là-bas venir ces hurlements
C'est la chanson de mort qui monte dans les vents.

Sous le masque antique la Vierge Rouge affirme par la voix de Prométhée la foi au Progrès qui a conduit toute sa vie héroïque.

Prométhée sans cesser de regarder au loin.

Je vois monter des aubes blanches
Là-bas sur les grands flots déserts.
J'entends des ailes dans les branches
Je vois des lueurs dans les airs
Il s'élève de la nature
Un chant magnifique et puissant.
Longtemps peut-être l'ombre dure
Mais le Progrès va grandissant.

Au lieu de gémir sur le sort injuste du héros comme dans le drame antique, les Océanides viennent ici au nom de la nature dont elles symbolisent le mouvement perpétuel apporter au mourant la consolation suprême : la confirmation de sa foi.

Le poète qu'est Louise Michel nous les représente « couvertes de longs voiles argentés ».

elles montent vers Prométhée avec un mouvement de houle pareil à celui des flots auxquels elles se mêlent. Le rythme large de leur ondulation est celui de la mer avec laquelle elles se confondent (1).

Et les Océanides bercent mélodieusement l'agonie du héros en lui rappelant les lois inéluctables de la nature et la nécessité de son sacrifice pour le Progrès et l'Avenir humain.

Les Filles de l'Océan

La mer palpite, le flot roule
Roule, immense, calme et dormant.
Ainsi que la sève et le sang
Il garde une vivante houle
Flots monotones emportez
Heures et jours, passez ! passez !

Le sable entassé sur les grèves,
Et l'heure qui passe toujours,
Et l'espace comme les jours,
Ensemble mêlent vie et rêves ;
Flots monotones emportez
Heures et jours, passez ! passez !

Tout s'agrandit et se transforme ;
Resplendissant est l'avenir,
En le voyant il faut mourir,
Ne faut-il pas que tout s'endorme ;
Flots monotones emportez
Heures et jours passez ! passez !

Prométhée pendant ce chant penche la tête pour mourir Les filles de l'Océan s'immobilisent un instant dans leur aspect de flots — Silence — Le vent souffle.

(1) *Souvenirs et Aventures de ma vie.*

Et la pièce finit sur ces mots de Hialmar qui
emporte dans ses bras le cadavre de son ami.

> Pendant longtemps ainsi broyés comme les grains
> Mourront les révoltés pour les troupeaux humains.

Dans le calme du petit cottage anglais, Louise
Michel esquissa quantité d'autres drames où
dans les âmes humaines les forces du passé et
celles de l'avenir se livraient de violents combats. Et comme au premier temps du christianisme, la conversion subite des persécuteurs des
doctrines proscrites, juges et policiers, termi-
nait ces œuvres par une apothéose de l'Idée
nouvelle. Après avoir écrit *La Conquête du
monde*, qui ne fut jamais imprimée, Louise
Michel se laissait aller en de longues rêveries, à
une évocation mystique de cet âge d'or des
temps futurs où l'intelligence de l'homme s'élè-
verait à des hauteurs inconnues, où un immense
amour unirait tous les cœurs. Dans son dernier
drame le fauve ancestral des temps passés était
mort à jamais pour l'épanouissement splendide
de l'humanité nouvelle.

Pendant que l'artiste dans la brume de Londres cherchait à peindre cet homme de demain
avec des couleurs et une harmonie propres à la
magnificence de son rêve, de graves événements
se passaient sur le continent.

De 1892 à 1895, une série d'attentats anarchistes par la bombe et la dynamite répandirent
dans le monde une immense terreur. Des déses-

pérés victimes de l'injustice sociale avaient tout
d'abord instinctivement essayé de se venger de
la société par des actes de violences individuels
en se réclamant de l'anarchie. Une répression
impitoyable engendra immédiatement une sorte
d'épidémie de terrorisme. Sur l'échafaud l'anarchiste mourant au cri de « vive l'anarchie »
exerça la même attraction morale que jadis le
chrétien dans l'arène romaine. Des conversions
s'opérèrent autour de la guillotine et lorsque le
couperet s'abattait sur le cou de la victime,
presque toujours un coreligionnaire faisait en
lui-même le serment de venger le martyr. L'application des lois liberticides votées par une
Chambre affolée contre la doctrine nouvelle, les
persécutions policières, en mettant les suspects
anarchistes dans l'impossibilité de trouver du
travail, multiplièrent les attentats. En proie à la
misère et à la faim, acculés au suicide, beaucoup se décidèrent à « sortir de la vie en cla-
quant les portes » selon leurs propres expressions et à faire pour leurs idées en effrayant le
monde de « la propagande par le fait ».

C'est ainsi que, de Ravachol à Caserio, grâce
à la puissance de l'exemple, à la maladresse des
défenseurs de la société bourgeoise, le terrorisme devint peu à peu une forme de lutte des
anarchistes contre le vieil ordre social.

La désillusion apportée aux déshérités par le
mouvement socialiste, s'enlizant de plus en plus
dans l'ornière du parlementarisme et perdant

chaque jour son caractère révolutionnaire, contribua au développement du nouveau mode d'action. Aux anarchistes désabusés de la propagande électorale, la violence apparut comme le seul moyen possible à employer pour la transformation de la société. Répandre la terreur chez l'ennemi fut considéré comme une bonne tactique guerrière après l'échec de la lutte légale et pacifique et des anarchistes isolés s'offrirent à la mort pour réaliser leur rêve de bonheur humain.

La grandeur tragique du sacrifice de l'individu devait dans ces actes séduire nécessairement la « Vierge rouge » qui pendant sa jeunesse avait rêvé les noces des martyrs et tant de fois sous la Commune risqué sa vie pour son idéal. Le poète qui, si souvent s'était répété intérieurement sous l'Empire les vers du Maître « Harmodius c'est heure, tu peux tuer cet homme avec tranquillité » (1), applaudit les propagandistes par le fait. Aux reporters venus à Londres pour l'interviewer en 1894 après l'attentat de Vaillant à la Chambre des Députés, elle répondit en se solidarisant complètement avec ses coreligionnaires politiques.

Comment jugez-vous l'attentat de Vaillant? lui demande l'envoyé du *Matin* (2).

Oh! je l'approuve hautement, complètement! Mais comprenez bien pourquoi. Nous avons déjà vu de nombreuses

(1) V. Hugo *Les Châtiments.*
(2) *Le Matin,* 18 décembre 1894

révoltes du peuple qui voulait obtenir des réformes urgentes.
Qu'est-il arrivé? C'est qu'on a fusillé le peuple et bien nous
trouvons-nous que le peuple a été assez saigné et nous nous
considérerions comme de grands coupables, de grands crimi-
nels si nous le lancions dans une nouvelle révolte dont le résultat pour lui serait une nouvelle saignée. Nous ne voulons pas
commettre ce crime. Il vaut mieux que des gens de cœur se
sacrifient et commettent à leur propre risque des actes de
violence qui terrorisent le gouvernement et les bourgeois.

Et les malheureuses victimes innocentes?

Qu'est-ce, en comparaison de la grandeur du but que nous
nous proposons? Mettez dans la balance d'un côté le sacrifice
volontaire de la vie par quelques-uns des nôtres et le fait de
quelques autres existences perdues et dans l'autre plateau
le bonheur de l'humanité, la fin de ces misères, de ces guerres
qui font mille fois plus de victimes que quelques explosions...
Et puis quel autre moyen employer pour changer l'état des
choses? il n'y en a pas.

Et comme le reporter fait allusion au mouvement socialiste de cette époque, la révolutionnaire désabusée lui répond
vivement : « Nos amis les socialistes ! » eux qui ont renié la
violence comme si un moyen pacifique contre la bêtise et la
méchanceté des bourgeois était possible ! Non il n'y a de vrai
que la lutte ! la lutte où nous savons que nous resterons ! et
c'est beau !

Éprise d'héroïsme, Louise Michel ne songe
pas un instant à douter de la valeur de ces actes
terroristes comme instrument de transformation
sociale; elle croit à l'efficacité du martyre pour
le rayonnement d'une idée et l'auteur de Prométhée, généreusement n'aurait jamais voulu
désavouer celui qui s'était sacrifié pour sa foi
et l'empêcher de mourir dans son rêve. Les
anarchistes devaient plus tard abandonner ces
moyens violents devant le peu de résultats donnés par l'expérience.

L'effroi universel provoqué par ces attentats

fit redoubler contre les anarchistes les persécutions policières. A Londres, Louise Michel en fut la principale victime. La nuée d'agents secrets, souvent provocateurs, que la Sûreté française entretenait dans la capitale britannique s'acharna spécialement sur l'apôtre. « Chaque jour, écrit-elle, ma maison était surveillée. Dès que tombait la nuit, j'entendais craquer les graviers de la route et à travers mes persiennes je voyais des ombres glisser sous les arbres ». Non contents de « filer » leur victime, les policiers s'efforçaient d'exploiter ignoblement sa bonté pour l'espionner. Ils introduisirent chez elle Phœbé, une voleuse condamnée à deux ans de prison, jouant la folie, que Louise avait trouvée un soir de décembre sur son seuil, transie de froid et qu'elle avait naturellement recueillie sans défiance, Janvier, le faux hémiplégique qui tenta de l'empoisonner en mêlant de l'arsenic à ses aliments. C'est le policier Méronat, qui, sous le prétexte d'une famille dans la misère à secourir l'attira dans un guet-apens et fut pour ce fait condamné à trois ans de hard labour.

Désireux de compromettre les anarchistes et de les faire expulser d'Angleterre, les policiers organisent sans cesse de faux complots, fabriquent des bombes et vont dénoncer leurs victimes à la police anglaise. Dans ses *Souvenirs et aventures de ma vie*, Louise Michel nous donne la longue liste de tous les policiers con-

damnés par la Justice anglaise pour ces faits et
que la Sûreté française désavouait toujours une
fois qu'ils étaient pris. Par une sorte de miracle
l'apôtre nullement méfiante, échappa toujours
aux pièges qui lui furent tendus. Dénoncée par
un agent français au Scotland Yard pour émis-
sion de fausse monnaie, Louise est tout étonnée
de voir la police anglaise découvrir dans sa cave
un appareil de faux monnayeur, mais heureusement pour elle, le dépositaire par mégarde a
laissé tomber un papier compromettant : la facture du commerçant qui a vendu les objets et
le policier est condamné à six mois de prison
pour dénonciation calomnieuse.

Une autre fois, ayant organisé une école internationale pour les enfants, ce fut une bombe
que les agents de police anglais trouvèrent dans
la cave de l'école (1).

Je rentrai à East Dullvich toute troublée. Il n'y a rien de
terrible comme de sentir autour de soi des ennemis sans parvenir à deviner qui ils sont, dans quel but ils agissent. A partir
de ce jour je promis de me tenir sur mes gardes, de me méfier
des gens suspects. Mais ceci fut une simple résolution. Mon
caractère est ainsi fait, je n'ai jamais pu vivre dans une atmosphère de défiance (1).

Grâce à son immense bonté, Louise fut exploitée par toutes sortes d'individus, vulgaires
chevaliers d'industrie qui sous l'étiquette anarchiste soutiraient à la pauvre fille le peu d'argent qu'elle possédait, voleurs qui osaient se

(1) *Souvenirs et Aventures de ma vie.*

réclamer d'elle, espions chargés de sa surveillance qui obtenaient sa confiance, la déterministe les excusait et leur pardonnait à tous. Malgré les pièges et les traquenards que la police française semait sous ses pas, Louise Michel continua en Angleterre son œuvre d'apostolat révolutionnaire. De temps en temps, elle quittait la métropole britannique et déguisée tantôt en homme, tantôt en « nurse » elle débarquait brusquement sur le sol français pour quelque conférence. La Police l'arrêtait quelquefois à la gare de la ville où les affiches annonçaient sa venue, on l'enfermait pendant vingt-quatre heures et on la relâchait sans explication. D'autres fois, elle réussissait à pénétrer dans la salle de réunion sous un déguisement.

En 1890 elle fit en France toute une série de conférences avec Poltier (1).

On avait fait de mon nom un épouvantail. Quand je paraissais dans une ville on s'enfuyait. Certaines boutiques se fermaient et le cliquetis des sabres, le galop des chevaux ne tardaient pas à résonner sur le pavé. On nous pourchassait avec une opiniâtreté sauvage. Au nom de l'ordre, on troublait effrontément le calme des villes et les gens naïfs ne manquaient pas de dire. « Voyez cette Louise Michel quand elle arrive quelque part il y a immédiatement des collisions et des bagarres. » Ce que ces pauvres gens oubliaient de constater c'est que ces bagarres et ces collisions étaient toujours provoquées par les représentants de l'autorité (1).

En 1896 elle put librement parcourir avec Cornélissen, la vaste plaine hollandaise et après sa conférence dans chaque Maison du Peuple.

(1) *Souvenirs et Aventures de ma vie.*

se promener tranquillement avec ses camarades sous les grands arbres, le long de canaux. Nous la retrouvons en 1897 avec Sébastien Faure, à la tribune de chaque grande ville de France malgré les embûches de la Police. Enfin en 1904-1905, Louise Michel traverse la France et l'Algérie et avec son compagnon Ernest Girault fait sa dernière tournée de conférences. Atteinte de bronchite en quittant Londres, l'apôtre lutte désespérément contre la maladie, son rêve est de mourir debout, mais les forces humaines ont des limites. A Troyes une pneumonie infectieuse l'oblige à s'aliter, la propagandiste se sent « aux portes de la mort », les journaux annoncent son décès prochain, des articles nécrologiques commencent à paraître sur elle. Mais la volonté de poursuivre jusqu'au bout sa mission humanitaire, la sauve. Et celle dont on attendait le dernier soupir, revenue brusquement à la vie, reprend sa tournée de conférences à travers la France. Une immense espérance lui envahit le cœur, chaque jour elle attend avec avidité fébrile l'annonce des événements révolutionnaires russes de 1905, elle s'enthousiasme en apprenant les révoltes dans l'armée. Son instinct des grands mouvements sociaux l'avertit que la puissance du tzarisme est profondément ébranlée, elle prévoit le soulèvement des masses slaves et les gigantesques conséquences qui en résulteront pour le monde. L'idéaliste qui a tant admiré toute sa vie l'héroïsme des nihilistes comprend merveilleusement l'âme russe si semblable à la sienne et elle devine que ce sera de nouveau dans le pays de ce Stenka Razine qui, de sa hutte de paysan faisait régner au XVII° siècle le communisme évangélique, du Dniéper au Caucase, que l'ère égalitaire commencera.

> Vos cœurs sont chauds comme la braise
> Dans vos froides plaines du Nord.

écrivait-elle dans une poésie dédiée à des amis russes.

> Le vent mugit et souffle en foudre
> Enfin serait-ce le réveil?
> Le clairon sonne et sent la poudre
> L'égalité brille au soleil
> Ainsi qu'un phare elle illumine
> Dans le ciel rouge elle domine
> Enfin serait-ce le réveil? (1)

Dans ses conférences sur la révolution russe, l'apôtre annonce qu'un jour ce réveil viendra ; et, prophète moderne, puisant son inspiration dans la profondeur de sa conviction raisonnée, elle prédit aux foules l'aurore nouvelle qui se lèvera à l'Est de l'Europe. Mais la terre promise est encore loin. A bout de forces Louise Michel ne l'atteindra pas. Le 10 janvier 1905 dans un pauvre hôtel de Marseille, elle termine sa vie de souffrances et d'apostolat. Selon son vœu, son corps ramené à Paris fut déposé dans le cimetière de Levallois-Perret, près de ceux

---

(1) Poésie à des amis russes.

qu'elle avait tant aimés, sa mère, son amie et
« son compagnon d'armes » Théophile Ferré, le
fusillé de 1871. Ainsi furent réunis dans la
mort les deux apôtres qui, brûlant d'un amour
plus haut et plus pur que celui des autres
hommes offrirent à l'Humanité le sacrifice de
leur bonheur humain.

Comme tous les grands précurseurs qui ont
voulu apporter au monde quelque nouvelle vérité religieuse ou philosophique, Louise Michel
a eu son lot de souffrances et de persécutions.
Mais nul, parmi les novateurs qui se sont suc-
cédé dans l'Histoire, n'a passé aussi méconnu
que l'apôtre du nouvel idéal social.

Odieusement défigurée par la haine de l'adversaire, comme l'ont été tous les grands révolutionnaires de la pensée et de l'action, « la
Vierge rouge » n'a pas trouvé comme Socrate
un noyau de disciples fidèles pour recueillir
pieusement son enseignement et transmettre
aux générations futures son âme vraie. C'est
parmi les siens, qu'elle a été le moins comprise.
Ses ennemis ont senti sa grandeur morale sans
pouvoir se l'expliquer clairement. Etonnés devant cette femme qui, s'accusant, leur criait :
« Si vous n'êtes pas des lâches, tuez-moi », les
juges du Conseil de guerre en 1871 n'ont pas
osé la condamner à mort. Son abnégation, sa

bravoure éclatante, sa pureté, toute cette énigmatique force morale qui paraissait en elle a
produit dans le camp ennemi la même terreur
mystique que « la Pucelle des Armagnacs » pro-
voquait autrefois parmi les Anglais de son
temps. Par la peur qu'il a eue d'elle, par le surnom même de Vierge Rouge qu'il lui a donné,
l'adversaire lui a rendu une sorte d'hommage
indirect. La foule des humbles, qui, après ses
conférences, venaient baiser le pan de sa robe
et renouveler autour d'elle les scènes de vénération des Saints d'autrefois, a deviné avec son
cœur tout ce que sa personnalité avait de
grand. Par contre, les hommes de son parti
l'ont presque toujours méconnue. Inconsciemment dominés par le vieux préjugé masculin
sur l'infériorité de la femme, communards et
anarchistes ont très rarement soupçonné sa
grandeur. Sa haute culture intellectuelle devait,
d'ailleurs, l'isoler nécessairement au milieu des
siens et sa popularité irriter les jalousies mesquines. D'étranges jugements ont été exprimés
sur elle par des hommes se réclamant de son
idéal. On est allé jusqu'à travestir l'apôtre révolutionnaire qui avait rêvé « les noces rouges des
martyrs » en « grande amoureuse » une sorte
de Phèdre qui se suicide pour Ferré par dépit
d'amour. On a présenté sa bonté comme quelque chose de « bizarre et d'anormal ». « La
Bonne Louise » ainsi défigurée par un compagnon anarchiste devient un cas curieux de pa-

thologie mentale et morale. D'autres moins injustes n'ont vu en elle qu'une sœur de charité.

Une foule de légendes se sont cristallisées autour de son nom et encore aujourd'hui sa puissante personnalité reste pour beaucoup auréolée d'une grandeur énigmatique. On en a fait un symbole, celui de la Bonté.

Pendant toute sa vie, Louise Michel a souffert secrètement de cette incompréhension qu'elle sentait parmi les siens. Bien des fois elle s'est élevée avec colère contre les préjugés relatifs à son sexe. Elle a pressenti les faux portraits d'elle qui seraient légués aux générations à venir et c'est pour cela que, surmontant son instinctive réserve féminine, elle a écrit ses Mémoires. C'est là, comme dans toutes ses autres œuvres littéraires, drames, romans, poésies, discours, comme dans les comptes rendus de ses comparutions devant la Justice de son pays que nous pouvons vraiment la connaître.

Enfant, Louise Michel nous apparaît avec des dons naturels remarquables, l'esprit de création qui distingue les intelligences supérieures, l'imagination et la sensibilité des grands artistes, une générosité de cœur peu ordinaire.

À mesure que se poursuit son développement intellectuel, la jeune fille éprise de beauté en vient à concevoir un genre de beauté supérieure à toutes les autres : la beauté morale ; dès lors l'art pour l'art lui paraît vain, la gloire du poète et de l'artiste célèbre ne la tente plus. Le Bien et le Beau se sont identifiés dans son esprit, et à l'aube de la vie Louise Michel se décide à assigner un but suprême à son existence : le bonheur de l'humanité. Dès lors elle ne conçoit l'art que comme un instrument au service de l'idée ; l'écrivain et l'artiste ont pour elle une mission sociale à remplir à laquelle doivent être subordonnées la mélodie du vers ou la magie des mots. Cette doctrine explique la beauté de son œuvre littéraire, qui vaut d'abord par la profondeur et la sincérité de la pensée et du sentiment et ensuite par la traduction esthétique admirablement fidèle donnée par l'artiste qui sait merveilleusement choisir et combiner les images pour que la splendeur de la forme égale la splendeur de l'Idée. Génie essentiellement lyrique, c'est surtout comme poète et comme orateur que Louise Michel mérite d'avoir sa place à côté des plus grands écrivains de notre littérature française. La Commune dans les récits épiques qu'elle nous a contés restera éternellement vivante. Nulle œuvre ne révèle mieux l'état d'esprit de cette époque que son Histoire où les vues politiques judicieuses et profondes sur les causes de l'échec du mouvement insurrectionnel se mêlent à l'évocation des événements vécus. Ses romans et ses drames de facture romantique, où l'art de la composition est absent où les personnages trop nombreux et trop symboliques manquent souvent de vie, ne sont pas dénués cependant de toute valeur littéraire, ils abondent en descriptions puissantes, en magnifiques passages d'éloquence et de lyrisme où l'âme de Louise Michel se traduit en notes d'une éclatante beauté.

Mais sa vraie grandeur est surtout d'ordre moral. L'œuvre d'art la plus haute que l'on puisse rêver, l'apôtre l'a réalisée dans sa vie même toute de pureté et d'abnégation. Dans l'Histoire de l'Humanité la « Vierge rouge » a sa place à côté des plus nobles figures du passé. Un lien puissant de parenté spirituelle l'unit aux grands idéalistes de tous les temps qui ont suivi comme elle la voie austère du sacrifice individuel, mais son originalité se détache néanmoins nettement à côté des apôtres d'autrefois. Son inspiration morale est toute moderne. Jeanne d'Arc obéissait à ses voix, Socrate à son démon, tous les Chrétiens à leur Dieu. Louise Michel qui ne croit à aucune puissance surnaturelle n'obéit qu'à sa raison.

C'est la raison chez elle qui domine la sensibilité et la volonté. Tous ses actes s'expliquent par sa pensée et cette pensée même est une négation des vieilles croyances du Passé. Or, pendant longtemps on a considéré l'esprit de libre examen comme un agent destructeur de toute moralité. Rejeter les bases religieuses de la morale ancienne c'était, pensait-on, enlever tout frein à l'égoïsme et aux passions humaines. Cette opinion paraissait d'ailleurs justifiée au

xvii° siècle où les premiers contempteurs de
l'autorité de l'Eglise, les libertins étaient en
même temps des débauchés. Plus tard, au xix°
siècle l'introduction de l'esprit scientifique dans
le domaine moral, produisit encore un plus
grand effroi pour les esprits attachés au passé :
Considérer la vertu et le vice comme des produits ; nier la liberté humaine devait fatale-
ment conduire l'individu à « adorer son moi »
disait-on (1). « Jouir, arriver » deviendrait l'u-
nique idéal des générations imbues des nouvelles doctrines. Un retour à la foi ancienne
pouvait seul sauver la moralité. La raison d'a-
bord, destructive des fondements anciens de la
morale, reconstruisit ensuite peu à peu une
éthique nouvelle toute moderne, fondée sur la
science. Des philosophes l'ont exposée, Louise
Michel l'a réalisée. Sa vie tout entière réfute
éloquemment les objections, que les partisans
du passé ont opposé à l'esprit nouveau; c'est la
preuve la plus éclatante de la valeur morale que
peut engendrer la pensée scientifique moderne.
Les religions avaient fait de la pratique du
bien, une sorte de placement avantageux, en
promettant une éternité de jouissances aux
mortels, en compensation des sacrifices faits
par eux sur la terre. S'élevant bien haut
au-dessus de ces motifs égoïstes d'action,
la Vierge rouge s'est vouée volontairement à la

(1) Le Disciple Bourget.

douleur et à la mort pour le bien de l'humanité, sans aucun espoir de récompense individuelle. Sa vie dont les actes rappellent ceux des saints d'autrefois, marque par la pensée qui l'inspire, une étape nouvelle dans les progrès de la conscience morale. Au lieu d'exécuter sur terre les commandements d'un Dieu, c'est en elle-même, que l'apôtre moderne, affranchie de toute autorité extérieure, trouve l'obligation du sacrifice individuel. Sa raison éclairée par la science tire de l'ordre universel les lois morales qui ont dirigé sa vie. L'immolation de soi, qu'elle a pratiquée constamment lui est dictée par l'application des conceptions philosophiques de son époque. Le déterminisme scientifique explique sa bonté immense qui la faisait comparer aux saints du moyen âge, par ceux qui ne connaissaient pas les motifs nouveaux qu'inspiraient sa charité ardente. Grâce à sa sincérité profonde, Louise Michel a introduit dans le domaine de l'action les nouvelles conceptions de la pensée moderne. Elle a été un grand précurseur en morale et c'est pour cela surtout qu'elle n'a pas été comprise. Les hommes qui ont partagé sa foi sociale portaient inconsciemment en eux l'héritage spirituel du passé séculaire et c'est pour cela qu'ils n'ont pas aperçu la forme, jusqu'alors inconnue, de sainteté qu'elle a apportée au monde. Dans une société basée sur la concurrence et la lutte des hommes entre eux où l'égoïsme pour chaque individu

est le plus souvent une nécessité de vie, Louise
Michel a réalisé en elle, dans sa pensée, dans
ses motifs d'action, dans sa sensibilité, dans
tout son être psychique, un nouveau type d'humanité, celle de demain. Lorsque la cause à
laquelle la Vierge Rouge s'est sacrifiée aura
triomphé dans le monde, lorsque la coopéra-
tion égalitaire sera devenue la base d'un autre
ordre social, l'âme de Louise Michel revivra en
des milliers d'âmes. Les nouvelles générations
conscientes alors de la vraie grandeur humaine,
descendront de leur piédestal de gloire les Napoléon qui ont immolé des multitudes à leur
mesquine personnalité et mettront à leur place
ceux, qui, comme la Vierge Rouge, se sont au
contraire immolés eux-mêmes au Progrès humain.

Je ne donnerai pas ici la longue liste des livres, journaux, brochures, dont je me suis servie pour la documentation de cet ouvrage qui englobe une époque historique allant de 1830 à 1905.

Mais je tiens à remercier tous ceux qui par leurs récits, ou par les documents inédits qu'ils m'ont procurés, ont été pour moi de précieux collaborateurs.

D'abord les vieux amis de Louise Michel.

Le regretté Jules Guesde dont malheureusement, je n'ai pu satisfaire assez tôt, le désir, qu'il m'avait manifesté, de voir paraître ce livre.

Ernest Vaughan, qui non seulement, a mis à ma disposition l'énorme amas de manuscrits inédits de l'héroïne, en sa possession, mais qui encore, m'a permis de compléter ma documentation grâce aux lettres d'introductiion qu'il m'a données si aimablement.

M. Charles Malato qui m'a renseignée sur la Nouvelle Calédonie.

M. Élie May dont j'ai utilisé les intéressantes anecdotes.

M. Charles Demahis, docteur en médecine à Cérilly (Allier), qui m'a offert dans sa maison une si cordiale hospitalité, pour consulter tous ses papiers et portraits de famille.

Les habitants de Vroncourt, en me communiquant leurs souvenirs, m'ont aidé à reconstituer une partie de ce lointain passé.

Je dois remercier aussi de leur obligeante amabilité M. le Directeur de la prison de St-Lazare et M. le Directeur de la Maison de Préservation de Clermont (Oise).

J'exprime affectueusement ma reconnaissance à Mademoiselle Élise Bondois qui a travaillé avec moi à corriger les premières épreuves de ce livre et dont j'ai apprécié les judicieux conseils.

I. BOYER.

TABLE

—

Premier Chapitre

Vroncourt 1

La famille. — L'enfance. — La formation du caractère.

IIe Chapitre

Avant la Commune. 31

Louise Michel institutrice. — Sa vie à
Paris. — La formation de ses idées
philosophiques et politiques.

IIIe Chapitre

Pendant la Commune. 63

IVe Chapitre

La Nouvelle Calédonie. 109

Ve Chapitre

Après l'amnistie 143

Retour en France après l'amnistie. —
Evolution de ses idées. — Louise Mi-
chel propagandiste révolutionnaire. —
Ses condamnations.

VIe Chapitre

Les prisons 173

Louise Michel prisonnière à Saint-Lazare,
à la Centrale de Clermont (Oise).

VIIe Chapitre

Dernières années. 197

L'affaire Lucas. — La vie en Angleterre.
Conclusion.

BIBLIOTHÈQUE NATIONALE — IMPRIMÉS

Société Française d'Imprimerie d'Angers

——: 4, Rue Garnier, Angers :——

HISTOIRE, PHILOSOPHIE, POLÉMIQUE

Henry Bru. **La Dictature du Bonheur**, 1 v. in-8 c. 5.00

Marcel Gey. **Nouvelles Catilinaires**, 1 vol. in-8 c. 6.75

Emile Chauvelon. **Un Crime Dichotomique**, un vol. in-8 carré 15.00

Pierre Durville. **Essai sur le Rythme Antique**, un vol. in-8 écu 10.00

Com¹ Olivier d'Etchegoyen. **Pologne, Pologne..**, un volume in-8 couronne 10.00

Georges Garros. **Forceries Humaines**, l'Indo-Chine litigieuse, Esquisse d'une entente franco-annamite, un volume in-8 carré 15.00

André Gaucher. **L'Obsédé**, drame de la Libido, avec une lettre de *Freud*, un vol. in-8 couronne. 7.95

Veridicus. **Suisse et Soviets**, un vol. in-8 couronne. 8.00

Jules Huré. **Les Origines Judéo-Chrétiennes du matérialisme Contemporain**, le fond druidique de la Nation française, un volume in-8 couronne. 8.00

Frédéric Masson, de l'Académie Française, **Quatre Conférences sur Joséphine**, avec 6 planches hors-texte, un volume in-8 couronne 7.00

De Monzie. **Du Kremlin au Luxembourg**, un volume in-8 couronne 7.50

Paul Roué. **Le Procès de Jésus**, étude historique et juridique, un volume in-8 couronne 5.00

Paul Roué. **Les Lois pour Tous**, usuelles et pratiques, un volume in-8 couronne 10.00

Sapiens. **Les Droits de la Ville libre de Dantzig et la Pologne**, une brochure in-8 couronne 2.00

Marc Semenoff. **Introduction à la Vie Secrète**, un volume in-16 raisin 6.00

Camille Spiess. **Ainsi parlait l'Homme**, préface de *Louis Estève*, un volume in-8 couronne 5.00

Camille Spiess. **L'Anthroposophie et les Mystères de Dornach**, un volume in-8 carré 3.00

Camille Spiess. **La Psycho-Synthèse**, 1 br. in-8 carré. 1.50

Rabindranath Tagore. **Nationalisme**, traduit de l'anglais par *Cécil Georges Bazile*, un vol. in-8 c. 6.00

Léon Tolstoï. **Mémoires à Boulgakoff sur l'Education**, traduit du russe par *Sonia Lund* et précédé d'une étude sur l'œuvre éducative de *Tolstoï*, par *L. Charles Baudoin*, avec un portrait de *Tolstoï* gravé sur bois par *Joris Minne*, un vol. in-16 jésus. 3.00

www.ingramcontent.com/pod-product-compliance
Lightning Source LLC
LaVergne TN
LVHW052010060726

842528LV00002B/456